LE PASSÉ
DANS LE PRÉTOIRE

JEAN-NOËL JEANNENEY

LE PASSÉ DANS LE PRÉTOIRE

L'historien, le juge et le journaliste

ÉDITIONS DU SEUIL
*27, rue Jacob, Paris VIe*

ISBN 2-02-034543-9

Introduction

Fallait-il juger Maurice Papon ? Devait-on lui faire répondre de ses actes dans le prétoire, après tant d'années ? L'épisode servirait-il la mémoire contre l'oubli, la vérité contre l'erreur, le bien contre le mal ?

On a beaucoup débattu, en France, à l'automne de 1997, des conséquences d'un tel procès pour l'équilibre psychique et moral de la nation. Cette Histoire portée au tribunal et violemment médiatisée serait-elle utile ou néfaste pour un pays qui affronte son passé ? Serait-elle propre à renforcer les valeurs morales et civiques qui fondent la démocratie ? L'aiderait-elle à combattre les doctrines d'infamie que colportent les ennemis de ses principes et de sa vertu ?

Sur un bord on a choisi d'être optimiste. On s'est félicité qu'à cette occasion quantité d'événements et de comportements soient rappelés ou révélés, spécialement à cette majorité de Français qui n'ont pas vécu en citoyens conscients la période de Vichy. On en escomptait un bénéfice collectif. On en attendait une leçon pour les générations nouvelles et l'on relevait que selon plusieurs sondages d'opinion les classes d'âge les plus jeunes approuvaient plus que les autres qu'une si longue instruction ait abouti finalement au plein jour du tribunal : 73 % des 18-24 ans contre 53 % des 65 ans et plus en septembre 1997[1].

Serge Klarsfeld, ici, s'est porté en flèche : il ne s'est jamais caché d'avoir souhaité, en déclenchant des procédures, « grâce à l'effet médiatique », « mettre en lumière des faits historiques enfouis ». Il réagissait ainsi à la constatation que, vers le milieu des années soixante-dix, il n'était pas fait mention, en général, dans les manuels scolaires, de la participation de Vichy dans l'arrestation et la livraison de Juifs aux nazis[2].

Sur l'autre bord on déplorait un procès venu si tard, si mal, et qui en outre concernait un fonctionnaire de deuxième rang. Ancienne secrétaire générale du Conseil supérieur de la magistrature, Simone Veil, avec l'autorité de sa personnalité et de son passé de déportée, s'inscrivit dans ce camp-là, marquant sa réticence envers la loi de 1964 sur l'imprescriptibilité du crime contre l'humanité qui rendait possibles des poursuites un demi-siècle après les faits. Elle avait pris déjà une position

1. Sondage Sofrès pour *Le Figaro Magazine*, 19-20 et 26-27 septembre 1997. La moyenne est de 59 % (49 % à droite, 72 % à gauche), *in* Sofrès (Olivier Duhamel et Philippe Méchet éd.), *L'État de l'opinion, 1998*, Paris, Le Seuil, 1998, p. 243-244.

2. *Écrire l'Histoire du temps présent : études en hommage à François Bédarida* (Robert Frank éd.), Paris, CNRS éditions, 1993, p. 382-383.

voisine au moment du procès Touvier[3]. « La dramatisation qui, disait-elle alors, intervient lors d'un procès, grâce à une certaine personnalisation, a sans doute un effet émotionnel plus grand ; mais, en tant qu'ancien magistrat, je reste perplexe quant aux moyens et à la valeur d'exemplarité d'une justice qui intervient longtemps après les crimes… » Trop tard, trop mal…

Cette controverse, telle qu'elle a déroulé ses volutes et ses passions, était vouée à impliquer des figures sociales familières, qui en ont incarné les arguments et nourri la matière : le juge et le journaliste, comme il était naturel, mais aussi l'historien, plus rare dans ce décor.

Au premier regard, voici trois métiers qui se complètent et qu'une même obsession devrait rassembler : celle de la vérité à faire surgir du puits, sans voile et sans tache. Tous les trois sont au service des citoyens et de leur lucidité sur les événements antérieurs, autrement dit de la démocratie. Tous les trois ont pour vocation de faire prospérer les valeurs qui la fondent, d'éclairer les normes qui la structurent et de mettre au jour les défaillances qui la subvertissent. Tous les trois procèdent par investigation. Aucun des trois n'est dispensé de débusquer des faits sûrs et, selon des déductions successives, de les constituer en preuves convaincantes.

En somme, ils devraient être unis par des liens puis-

3. Cf., sur Touvier, son entretien donné au *Figaro* le 25 mars 1994, cité par Éric Conan et Henry Rousso, *Vichy, un passé qui ne passe pas*, 2e éd., Paris, Gallimard, 1996, p. 164-165, et sur Papon son entretien publié dans *L'Express*, le 9 octobre 1997, p. 36.

sants et appelés à des solidarités profondes. Et cependant chaque fois qu'une émotion collective vient agiter les relations du pays avec sa mémoire, la complexité de leurs relations se manifeste.

Ainsi pour le procès de Bordeaux. Les différences dans les procédés et les points de vue se dessinent vite, parfois jusqu'à l'antagonisme. Les alliances à deux contre un ne sont pas rares, toujours fragiles d'ailleurs et promptes à se défaire au premier cahot. Tant la diversité de leurs tâches et du rythme sur lequel ils les assument a d'effet sur les comportements et les psychologies des uns et des autres.

L'historien réagit avec des sentiments mêlés. Puisque l'irruption du passé secoue la collectivité nationale, puisque la Justice s'en mêle, puisque la presse s'en empare, il ne s'étonne pas de se trouver convoqué dans le prétoire. Il n'aspire pas d'ailleurs à rester dans sa tour d'ivoire. Car il se reconnaît une responsabilité sociale. Et si on le poussait jusqu'au fond de sa sincérité, il avouerait peut-être qu'il redouterait, au cas où il y demeurerait enfermé, d'en ressentir quelque frustration.

Pourtant, le déroulement du procès Papon, dans lequel on lui a fait tenir sa partie, ne le laisse pas tout à fait serein. Le rituel du tribunal le bouscule et le corsète. L'écho qu'en donnent les journaux, la radio et la télévision lui paraît tantôt trop faible et tantôt déformé. Un malaise diffus enveloppe ainsi chez lui le sentiment du devoir accompli. A telle enseigne que le goût lui vient de se saisir de cette gêne elle-même pour mieux la comprendre et peut-être pour la surmonter.

Il faut dire qu'il n'a pas l'habitude d'entretenir un tel commerce avec la Justice. Dans le cours ordinaire de son travail, il la considère, parmi beaucoup d'autres objets d'étude, à bonne distance temporelle ; il en refroidit l'émotion pour l'installer, bien rangée, bien qualifiée, bien redressée, dans les chapitres de ses livres. Or voilà qu'avec les comparutions de Klaus Barbie, de Paul Touvier et de Maurice Papon, il est confronté soudain à la chaleur et aux passions de l'actualité judiciaire. Qui s'étonnerait que cela provoque, chez lui, quelque tension ?

Le juge, de son côté, n'est pas accoutumé à introduire dans sa démarche le facteur de la longue durée. En France (contrairement aux pays anglo-saxons), le principe de la prescription l'en protège d'ordinaire. Et il a fallu qu'en 1964 la loi fasse échapper à celle-ci les crimes contre l'humanité pour que ce défi nouveau surgisse, avec le péril de l'anachronisme. Comment ne pas comprendre que les magistrats tâtonnent dans leur recours à l'Histoire, et que parfois ils regimbent ?

Quant au journaliste, il lui arrive d'encourir, de la part de ces deux partenaires et concurrents, bien des reproches quant à sa supposée légèreté et ses à-peu-près. Mais sa réplique est prompte.

Il secoue volontiers les contraintes que les deux autres subissent ou imposent. Son impatience n'est pas seulement l'effet des obligations de sa profession et des exigences d'un travail précipité ; elle lui semble découler de son devoir de rassembler et d'exprimer, à chaque moment de la sensibilité d'une nation, les interrogations qui taraudent celle-ci. C'est au nom du peuple tout entier, au centre d'une alchimie où se mêlent les enseignements de l'école, de la famille, de la vie professionnelle des citoyens et les émergences de l'actualité, qu'il s'assigne le devoir de bousculer les bienséances, de dénoncer les hypocrisies et d'exhumer le refoulé.

Du coup, s'il apporte au juge le reflet des réactions du peuple au nom duquel ce dernier aura à trancher, il lui fait grief des distances qu'il s'impose et des procédures dont il se protège. Et s'il fournit à l'historien le relevé des questions qu'il cristallise et auxquelles il le somme de donner des réponses simples, il s'irrite de nuances et de précautions qu'il assimile facilement à de la pusillanimité.

Ce processus tripolaire aura beaucoup contribué à déterminer, en bien comme en mal, les conséquences civiques du procès de Maurice Papon. Mais il le dépasse largement. Les divergences et les discordes entre les trois partenaires, suivant les cas larvées ou éclatantes, peuvent stimuler jour après jour la réflexion des citoyens, au service de la vitalité démocratique. Elles peuvent aussi déboucher sur des dérèglements sociaux et des souffrances individuelles, déchirer la collectivité et affaiblir la nation. Il est donc utile d'en considérer la portée et de songer aux moyens de les surmonter.

1

L'historien à la barre

Un inconfort

Quelle est donc la fonction spécifique de l'historien dans le prétoire ? Sera-t-il, pour la Justice, un aiguillon, un substitut, un faire-valoir, une caution ? Elle-même le sait-elle bien ?

L'appel à l'aide qu'elle lance ainsi paraît exempt de sa répugnance secrète à voir monter le règne de ces « experts » en tout genre qui lui donnent un sentiment de dépossession – ces biologistes imposant des preuves définitives aux incertitudes de leur « intime conviction », ces psychiatres décidant à leur place du degré de la responsabilité d'un accusé… Les historiens sont moins inquiétants, parce que, s'ils sont sérieux, ils ne sauraient se permettre d'être jamais péremptoires.

On peut leur appliquer les réflexions d'André Malraux sur le métier du journaliste jadis adressées à Jean Lacouture (l'un des historiens appelés à Bordeaux), après la lecture de son ouvrage *Un sang d'encre* : « Peut-être distinguez-vous mal ce qui fait la valeur de votre livre : c'est de ne pas confondre "être fidèle" avec "avoir raison". Tenons l'objectivité pour ce que vous dites ; limitons-la à : je ne sais pas ce qu'est la vérité mais je sais ce qu'est le mensonge. Le prix de votre témoignage vient de ce que vous "cherchez le mou". Dans une direction que vous connaissez et qui à maints égards vous définit [4]. »

Si la Justice au travail attendait des historiens une vérité « scientifique » telle qu'après leur intervention elle puisse dire : *causa locuta est*, la cause est entendue, elle se leurrerait sur leur apport et elle fuirait sa responsabilité. D'ailleurs, elle n'y songe pas – et si elle y songeait, elle résisterait.

A-t-elle pour autant assez réfléchi au statut de ceux qu'elle convoque ? Probablement pas. Il est notable qu'au procès Papon, comme précédemment au procès Touvier, les historiens ont comparu à titre de témoins, et non d'experts (un statut attribué au contraire aux médecins).

Voyez le serment qu'on leur fait prêter. Les experts jurent simplement « d'apporter leur concours à la Justice en leur honneur et conscience ». L'engagement exigé des historiens est d'une autre portée. Passons sur celui de parler « sans haine et sans crainte ». Certes, c'est cette perspective qui a détourné Pierre Vidal-Naquet de venir

4. Lettre à Jean Lacouture citée par celui-ci, *Enquête sur l'auteur, réponse tardive à André Malraux sur quelques questions relatives à la condition de journaliste*, Paris, Arléa, 1989, p. 12.

au procès Papon, parce qu'il ne pouvait pas promettre l'absence de haine, mais de son propre aveu ce n'est pas l'historien qui était ici concerné, plutôt le fils d'un père mort en déportation. En revanche, jurer de dire « la vérité, toute la vérité, rien que la vérité », voilà une étrange exigence et qui paraît impliquer un ralliement à l'histoire la plus caricaturalement positiviste. « La vérité », soit, telle qu'on l'éprouve, « rien que la vérité », passe encore, toujours dans les limites du savoir scientifique, mais « toute la vérité », c'est ce qu'on ne peut promettre sans une sorte d'ébriété intellectuelle...

Sans compter que, comme l'a fait observer René Rémond au sortir de la salle d'audience, cette exigence aboutit à interdire la distinction, pourtant indispensable, entre certitude scientifique, opinion probable et conviction personnelle [5].

Quand Robert Paxton, l'historien américain de Vichy, explique à la barre, le 31 octobre 1997, que la plupart des documents souffrent plusieurs lectures, il exprime ce qui est pour nous une évidence épistémologique : les archives « n'avouent » rien en elles-mêmes et elles ne renseignent qu'éclairées par toutes les autres. C'est après ce détour qu'on doit choisir, parmi toutes les interprétations possibles, celle que l'on croit bonne. Or Maurice Papon se saisit aussitôt de la formule pour mettre en cause la portée d'ensemble du propos. Il dit ironiquement : « L'histoire est une matière extrême-

5. Exposé au séminaire de doctorat du Cycle supérieur d'Histoire du XXe siècle, à Sciences po, le 3 décembre 1997.

ment fluide, et il est difficile de l'appréhender ; je note avec satisfaction qu'un document comporte plusieurs lectures : c'est ce que nous aurons l'occasion de démontrer, je crois, au cours des débats. » Ainsi, il se référait implicitement à une conception naïve de l'usage des textes qui devraient se confondre avec la vérité même. Et signifiait que, si on y renonçait, on succombait à un doute universel où tout vaudrait tout, c'est-à-dire rien, où toute analyse historique pourrait être révoquée en doute faute d'être aussi sûre que l'heure qu'il est.

Cette confusion entre le témoignage et l'expertise a d'ailleurs d'autres conséquences, plus concrètes : l'historien doit s'exprimer dans des conditions qui ne favorisent ni sa sérénité ni la précision de son propos.

Il est soumis au régime de l'oralité pure, sans disposer d'aucune note, ce qui lui est inconfortable, car il est habitué à s'appuyer sur des documents. En février 1898, au cœur de l'affaire Dreyfus, à la barre du procès Zola, dont il sera beaucoup question dans ces pages, Paul Meyer, directeur de l'École des chartes, tire un papier de sa poche et se fait rabrouer par le président : « Il ne faut pas lire. » Il réplique alors : « Je ne lis jamais, monsieur le président. Seulement je suis professeur, et comme je suis très peu pourvu de mémoire, je suis toujours obligé de noter, par un mot ou deux, les idées que je veux exprimer[6]... » Situation d'autant plus paradoxale qu'il est loisible en revanche aux avocats, eux, de lire à haute voix

6. Déposition du 15 février 1898, *Le Procès Zola*, compte rendu sténographique *in extenso*, rééd., Paris, Stock, 1998, p. 540.

des textes en demandant au « témoin » d'y réagir sans les avoir sous les yeux : c'est une gêne supplémentaire.

Ajoutons que l'historien, qui n'est pas forcément accoutumé aux tumultes de la vie publique, se trouve au centre d'un apparat impressionnant, où, après une attente éprouvante au secret dans un réduit, il est soudain propulsé comme un taureau ébloui dans l'arène. Il parle *ad libitum* sans être interrompu, obsédé par le souci de ne pas perdre son fil et de ne pas lâcher une formule qui, isolée de son contexte, puisse être tordue ensuite par un avocat au profit de son camp. Les équilibres d'une réflexion marquée par une pratique et une sérénité universitaires risquent ainsi de s'effondrer d'un seul coup. L'incident inopiné peut bouleverser l'effet du propos global.

Après le procès Touvier, Jean-Pierre Azéma avait approché le premier président de la Cour de cassation, Pierre Drai, pour attirer son attention sur l'anormalité de ce statut bâtard et sur cet inconfort moral et intellectuel. Ayant cru obtenir son attention, il espéra qu'une situation particulière fût suggérée par lui au législateur pour ce genre de collaboration à la Justice. Mais rien ne s'en suivit. C'est donc une affaire à reprendre.

Rituel judiciaire et démarche scientifique

Le malaise d'une situation aussi incertaine fournit-il pour autant une justification aux historiens qui, spécialistes de Vichy, s'y refuseraient ? Leur argumentation appelle l'attention.

Ainsi Henry Rousso, directeur de l'Institut d'histoire du temps présent et spécialiste reconnu de Vichy et de sa mémoire, cité à Bordeaux à la requête de Maurice Papon (citation qu'il avait apprise d'abord par voie de presse), a souhaité ne pas « témoigner » et s'en est expliqué auprès du président de la cour d'assises dans les termes suivants :

« En mon âme et conscience je pense que l'historien ne peut pas être un "témoin" et que sa capacité d'"expertise" s'accommode assez mal des règles et des objectifs qui sont ceux d'une juridiction de jugement. C'est une chose de tenter de comprendre l'histoire dans le cadre d'une recherche ou d'un enseignement, avec la liberté intellectuelle que suppose cette activité, c'en est une autre de le faire, sous serment, alors que se joue le sort d'un individu particulier. [...] Ayant été cité contre ma volonté, avec une publicité que je déplore, et sans avoir au demeurant de rapport direct avec les faits incriminés, j'ai de très fortes craintes que mon "témoignage" ne soit un prétexte pour instrumentaliser des recherches scientifiques ou des interprétations historiques, élaborées et formulées dans un tout autre contexte que celui d'une cour d'assises. L'argumentation d'un procès, là encore, n'est pas de même nature que l'argumentation universitaire. »

Henry Rousso précisait avec élégance : « Cette position est d'ordre strictement personnel. Elle ne signifie en rien une quelconque appréciation sur la présence d'autres historiens à ce procès, qu'ils soient cités au titre de l'accusation, des parties civiles ou de la défense. » Son attitude ne mérite pas seulement d'être respectée : elle doit être, dans ce débat, considérée[7].

Ne négligeons pas l'observation de Jhering, juriste allemand du XIXe siècle : « Ennemie jurée de l'arbitraire, la forme est sœur jumelle de la liberté. Elle sert en effet de contrepoint à l'attraction de la liberté vers la licence ; elle conduit la liberté dans les voies où elle ne peut ni s'émietter ni s'égarer ; elle la fortifie au-dedans et la protège au-dehors[8]. » Pourtant, le formalisme de la Justice est une gêne qui peut être de grave conséquence, quels que soient ses motifs et ses vertus. Les normes de la procédure sont contraignantes, d'un bout à l'autre de l'événement judiciaire, avec ses phases successives : instruction, accusation, audiences, réquisitoire, plaidoiries et enfin le verdict. C'est un fait avéré que ces règles sacralisées risquent de constituer une entrave à un libre débat intellectuel. Elles peuvent contraindre un propos jusqu'à le dévier de ses intentions et de ses fins : elles empêchent l'historien « témoin » de réintervenir à bon escient, le privent de documents à l'appui, lui retirent le dernier mot, même pour rectifier une contre-vérité flagrante.

Michael Marrus, professeur à l'université de Toronto, coauteur de *Vichy et les Juifs* avec Robert Paxton, opine

7. Cf. les analyses détaillées qu'il fait, dans le même sens, de l'inconfort des historiens au procès Touvier : Éric Conan et Henry Rousso, *op. cit.*, p. 235 *sq.*

8. Rudolf von Jhering, *L'Esprit du droit romain*, 3e éd., Paris, 1888, t. III, p. 164, cité par Antoine Garapon, *Bien juger, essai sur le rituel judiciaire*, Paris, Odile Jacob, 1997, p. 306.

dans le même sens : « Un procès suit sa propre logique, qui est déterminée par les règles juridiques ; celles-ci ne sont pas conçues pour expliquer l'Histoire mais pour rendre la Justice. La lettre du droit peut contraindre le procès à emprunter des pistes ou des voies qui ne sont pas adaptées à l'explication d'une situation historique [9]. »

Un exemple des effets de ce formalisme est apparu lors du procès d'Émile Zola en 1898. Une des clés de son « J'accuse » tenait à son affirmation selon laquelle Esterhazy était le véritable auteur du fameux bordereau accompagnant les pièces secrètes livrées à l'ambassade d'Allemagne. Or tous les savants que son avocat fit venir à la barre durent étudier un fac-similé et non le document lui-même, impossible à extraire des archives du Conseil de guerre qui avait condamné Dreyfus en 1894. A telle enseigne que les historiens durent consacrer de longs efforts à analyser les différentes reproductions parues dans la presse et à démontrer qu'ils pouvaient travailler sur la meilleure d'entre elles à peu près aussi bien qu'ils l'auraient fait sur l'original.

Une fois le jugement prononcé, survient l'instant où l'historien, même s'il a déposé à la barre, peut disposer de l'entièreté de ce qui s'est dit au cours du procès. Nul doute qu'il relèvera un bon nombre de cas où, s'il avait été présent, avec au besoin le droit de consulter des notes, et en tout cas la liberté d'intervenir au moment précis où contredire une erreur ou un men-

---

9. Michael Marrus, *Le Monde*, 7 octobre 1997.

songe aurait pu peser sur l'esprit des magistrats ou des jurés. Mais précisément il n'était plus là. Dès lors, le talent oratoire, l'esprit d'à-propos ou même l'aplomb cynique de tel ou tel acteur judiciaire ont pu conduire à mille lieues de cette pondération qui marque le métier d'historien, en va-et-vient avec les traces et les archives. Le 25 mars 1994, lorsque au procès Touvier il s'entend dire par Me Trémolet de Villers que « l'Histoire n'est qu'une opinion », François Bédarida réplique vivement : « Plaidoirie et science historique ne font pas bon ménage ! »

Dans le livre récent écrit avec Éric Conan, *Vichy, un passé qui ne passe pas*, qui cite cette repartie[10], Henry Rousso donne un exemple appartenant également au procès Touvier, qui illustre bien notre propos. On discuta longuement dans le prétoire du point de savoir si, intervenant à la fin de juillet 1944 à Chambéry pour faire libérer deux femmes arrêtées, Touvier les avait sorties des mains des Allemands, ce qui était la vérité, ou de la seule Milice, comme il le prétendait à tort. C'était de grande conséquence pour l'applicabilité ou non de l'accusation de crime contre l'humanité, car dans le premier cas preuve était faite de son influence sur l'occupant, et en conséquence de sa dépendance – ce que l'évolution récente de la jurisprudence de la Cour de cassation avait posé comme nécessaire à la constitution d'un tel crime. On laissa la chose incertaine, alors « qu'une petite recherche historique ou sim-

10. Éric Conan et Henry Rousso, *op. cit.*, p. 237.

plement une lecture attentive du dossier aurait permis de régler ce point[11] ».

Ainsi, l'historien peut relire après coup un procès et, le prenant à son tour comme objet d'étude, corriger les erreurs et évaluer les effets possibles de celles-ci sur l'issue. Cela pourra nourrir, en ricochet, une meilleure connaissance ultérieure des actes incriminés et des ressorts du procès lui-même, mais sans conséquence (sauf révision, qui relancerait le jeu judiciaire), sur le destin de l'accusé, dont le sort est déjà scellé. Chacun aura retrouvé sa place, à bonne distance de l'autre.

Les chartistes au procès Zola

Pourtant, je ne peux pas, quel que soit le poids de ces préoccupations et de ces scrupules, rejoindre la position d'Henry Rousso.

La société fait vivre les historiens et leur permet d'acquérir un certain savoir-faire pour les aider à enrichir, à toutes fins utiles, sa connaissance du passé. Et comme citoyens il me paraît qu'il leur est difficile de se refuser à servir la Justice quand celle-ci les requiert de contribuer, dans la mesure de leurs moyens, à sa sagesse. Que la définition de leur contribution comme un « témoignage » soit ambiguë, partant lourde de dangers, c'est certain. Que le travail des historiens se distingue le plus souvent de celui des juges d'instruction, c'est l'évi-

11. *Ibid.*, p. 242-243.

dence et toutes ces pages s'efforceront de le démontrer. Mais c'est précisément pour cela qu'ils sont complémentaires, c'est-à-dire utiles dans le processus d'émergence de la vérité. Or n'est-il pas plus satisfaisant qu'ils le fassent à la requête des tribunaux qu'en dehors d'eux et contre eux ?

L'affaire Dreyfus constitue à cet égard un événement exemplaire parce qu'elle suscita chez certains historiens la volonté d'intervenir comme tels dans le marathon judiciaire accompli par l'innocent condamné, en s'appuyant sur leur pratique professionnelle[12]. N'hésitons pas à leur assimiler Jean Jaurès – bien qu'il fût philosophe de formation – parce que l'auteur de l'*Histoire socialiste de la Révolution française* est l'un des plus grands parmi nos ancêtres : son petit livre intitulé *Les Preuves* est un chef-d'œuvre dans cette catégorie d'interventions.

Comme l'observe Albert Thibaudet dans son célèbre essai de 1927, *La République des professeurs* : « L'affaire Dreyfus, ce tumulte d'intellectuels, les professeurs y ont vécu, l'ont vécu, tandis que les avocats politiques l'ont traversé sans mouiller leur toge[13]. »

Bernard Lazare fut le premier à publier une démonstration de l'innocence de Dreyfus, à la suite de la publication en fac-similé dans *L'Éclair* du 10 novembre 1896

12. Cf. Vincent Duclert, « Histoire, historiographie et historiens », *in* Michel Leymarie éd., *La Postérité de l'affaire Dreyfus*, Villeneuve-d'Ascq, Presses universitaires du Septentrion, 1977, p. 151-233.

13. Albert Thibaudet, *La République des professeurs*, Paris, Grasset, 1927, p. 33-34.

du bordereau qui avait servi à l'accabler. Dans une brochure publiée à Bruxelles, il utilisa explicitement les procédés critiques que lui avait enseignés, au temps où il suivait les cours de l'École pratique des hautes études, son maître Gabriel Monod, fondateur de la *Revue historique*. Dans une nouvelle édition il publia une série d'expertises qu'il avait commandées à des spécialistes pour démontrer que le document était d'une autre main que celle de Dreyfus. Et dans une lettre à Joseph Reinach, il expliqua que c'est Monod qui avait fait la première analyse du fac-similé [14]. Celui-ci livra ses conclusions dans une lettre du 5 novembre 1897 adressée aux directeurs des principaux journaux français [15].

Ce travail préparatoire explique qu'en janvier 1898 des historiens aient été appelés nombreux à la barre du procès Zola. Ils vinrent, armés de leur compétence professionnelle, s'en prendre aux conclusions du triste sieur Bertillon, chef du service de l'anthropométrie à la préfecture de police de Paris – l'homme qui avait péremptoirement confondu l'écriture du capitaine Dreyfus avec celle d'Esterhazy [16].

On vit notamment défiler [17] Paul Meyer, directeur de l'École des chartes, membre de l'Institut, déjà cité, Louis Havet, professeur d'histoire de la littérature latine à la

14. Jean-Denis Bredin, *Bernard Lazare*, Paris, Éd. de Fallois, 1992, p. 180.
15. Cf. Madeleine Rebérioux, « Histoire, historiens et dreyfusistes », *Revue historique*, avr.-juin 1976, p. 418.
16. Jean Jaurès leur rend hommage dans *Les Preuves*, avec de nombreuses citations.
17. Cf. Bertrand Joly, « L'École des chartes et l'affaire Dreyfus », *Bibliothèque de l'École des chartes*, 1989, p. 611-671.

Sorbonne et au Collège de France, Auguste Molinier, professeur à l'École des chartes, et surtout Arthur Giry, chartiste-paléographe, chargé de conférences à la Sorbonne, qui réfuta et accabla Bertillon, dont la déposition avait été embarrassée, scandée de dérobades, et pour tout dire piteuse. On sent proche le manuel de Charles-Victor Langlois et Charles Seignobos, *Introduction aux études historiques*, qui paraît la même année. Il est tentant de souligner, après le discrédit qu'on a souvent jeté sur l'école dite positiviste, que c'est son acharnement dans l'interprétation rigoureuse des documents qui a permis à ces hommes de courage, dreyfusards, de jouer un rôle décisif dans la manifestation de la vérité.

Notons d'ailleurs qu'un autre professeur de l'École des chartes, membre de l'Institut, Robert de Lasteyrie, toujours au nom de l'analyse scientifique des documents historiques, lui porta la contradiction au lendemain du procès en lui reprochant d'avoir travaillé non pas sur le document lui-même mais sur une reproduction... Comme on le sait, l'original était gelé par la justice militaire. « Où en serait l'Histoire, lui répliquèrent les autres dans *Le Siècle* du 23 février, si on devait renoncer à se servir de tous les documents dont les originaux ont disparu[18] ? »

Quant au critique Ferdinand Brunetière, directeur de *La Revue des deux mondes*, professeur à l'École normale supérieure, il se déchaîna contre les historiens venus à cette barre : « Un paléologue ou un philologue sont des

18. Cité par Madeleine Rebérioux, art. cité, p. 425.

érudits, et, s'ils le veulent, des intellectuels, mais ils ne sont pas des "savants" ; et ils ne le seront jamais, et à aucun degré. » Il s'en prit avec une ironie particulière à Paul Meyer : « N'opposez pas à ce paléographe le jugement de trois Conseils de guerre ; il sait ce que c'est que la justice des hommes, et en effet n'est-il pas directeur de l'École nationale des chartes ? [...] C'est le "surhomme" de Nietzsche, ou "l'ennemi des lois" qui n'est point fait pour elles, mais pour se mettre au-dessus d'elles. » Bref, aux yeux de Brunetière un paléographe ne devrait pas plus se mêler de justice qu'un magistrat de paléographie, et toute idée d'« expertise » d'un historien au tribunal lui paraît absurde... Il n'y a pas plus sa place qu'un écrivain tel que celui – Zola – qui a relancé le mouvement : « L'intervention d'un romancier, même fameux, dans une question de justice militaire m'a paru aussi déplacée que le serait, dans la question des origines du romantisme, celle d'un capitaine de gendarmerie[19]... »

Un pas de plus et l'Action française accusera ces historiens vaillants de s'être faits les valets d'une érudition allemande ; Maurras et les siens, se posant contre eux en chantres de Fustel de Coulanges, pour le centenaire de sa naissance, en 1905, crieront qu'en l'invoquant ils restaurent la tradition d'une science historique « à la française », avec sa « vérité civique[20] »...

---

19. J'emprunte ces citations à Antoine Compagnon, *Connaissez-vous Brunetière ? Enquête sur un antidreyfusard et ses amis*, Paris, Le Seuil, 1997, p. 145-146.

20. Cf. François Hartog, *Le XIXe siècle et l'Histoire, le cas Fustel de Coulanges*, Paris, PUF, 1988.

La seule réponse possible – mais décisive – fut fournie par les chartistes qui vinrent au procès Zola et dans d'autres prétoires pour soutenir la cause du dreyfusisme : la méthode scientifique, en dépit de toutes les entraves circonstancielles, peut déployer là comme ailleurs ses rigueurs, ses exigences et son efficacité. Et ils estimèrent que ceux qui la maîtrisaient se devaient de répondre présents à l'appel d'un tribunal républicain.

Un discours de la méthode

Paul Meyer insiste dans sa déposition sur la nécessité (et la possibilité) d'aborder un dossier sans préjugé à la barre comme dans une chaire, citant par contraste un propos de l'abbé de Vertot (1655-1735), religieux prémontré, auteur d'une *Histoire de Malte* : « Je veux vous indiquer l'état d'esprit que j'apporte ici : je ne suis pas de ceux qui arrivent avec leur siège fait, comme l'abbé de Vertot à qui on disait : “Eh bien ! voici des documents sur le siège de Rhodes” – et qui répondait : “Trop tard, mon siège est fait...” Je ne suis pas dans cette opinion : je suis disposé à former mon opinion d'après les faits. De plus, ce qui m'intéresse le plus ici, ce sont [...] les questions de méthode [...]. J'étudie ces questions d'écriture absolument comme j'étudierais une page d'un texte difficile, me souciant très peu au fond de savoir si cette page que j'ai tenu à comprendre soutient une doctrine ou une autre, mais voulant par-dessus tout savoir ce que cette page veut dire. [...] La question de l'identité de l'écriture du bordereau et celle de M. Esterhazy se présente dans des conditions d'une telle simplicité, d'une telle évidence qu'il suffit d'avoir l'habitude de l'observation, l'habitude de la critique pour arriver à la conclusion que j'ai dite[21]... »

Auguste Molinier[22], pour sa part, déclare avec plus de fermeté encore, en préface à une démonstration serrée s'appuyant sur la forme des majuscules, la place des points sur les *i* et la forme donnée aux doubles *s* : « Messieurs les jurés, il y a déjà vingt-cinq ans que je vis au milieu des manuscrits : il m'est passé entre les mains des milliers de chartes, pièces de toute époque, depuis les temps les plus anciens jusqu'à nos jours. A la suite de cette étude très prolongée [...], j'ai fini par contracter une méthode toute particulière d'observation : j'ai pour ainsi dire acquis un tact spécial si bien que, à des signes presque imperceptibles pour d'autres, j'arrive à reconnaître l'identité des écritures ou à dater exactement des manuscrits[23]... »

Quant à Arthur Giry, qui est peut-être le plus assuré de tous, il se livre lui aussi à un cours de méthode, en particulier pour répondre à l'expert Couard qui avait brocardé son maître Paul Meyer et avait dit : « Si j'ai la plus grande admiration pour M. Paul Meyer, professeur

21. *Le Procès Zola*, *op. cit.*, p. 540-542.
22. Je glane son portrait dans les *Souvenirs* de Charles Benoist : « Savant narquois, au visage faunesque, aux lourdes paupières, drôlement fendues, par l'interstice desquelles se glissait un regard étincelant qui, dans le verre des lunettes, allumait des reflets polissons » (t. I, *1883-1893*, Paris, Plon, 1932, p. 30).
23. *Le Procès Zola*, *op. cit.*, 15 février 1898, p. 546.

de langue romane, je suis obligé d'avouer qu'en matière d'écritures du XIXe siècle, il est comme l'enfant qui passe dans la rue, c'est-à-dire qu'il est d'une naïveté charmante[24]... »

« A l'École des chartes, réplique Giry, je suis spécialement chargé d'enseigner la diplomatique, c'est-à-dire l'application de la critique aux documents d'archives. L'étude et la comparaison des écritures ont naturellement un rôle important dans cette branche de l'érudition ; nous apprenons à nos élèves à déterminer l'âge, l'attribution des documents, leur provenance, à discerner les documents falsifiés, interpolés des documents sincères. Sans doute, M. Couard l'a dit, nous nous occupons plus spécialement d'écritures d'une époque assez reculée, mais la méthode est toujours la même ; elle ne varie pas. Lorsqu'on a acquis cette éducation particulière qui donne l'habitude de remarquer, dans une écriture, les particularités les plus minutieuses, on peut appliquer cette méthode aussi bien à des écritures contemporaines qu'à des écritures anciennes, et, sous ce rapport, je puis même dire que l'écriture des documents du Moyen Age est d'autant plus utile que l'écriture du Moyen Age est moins individuelle et que, par conséquent, il faut être d'autant plus attentif à toutes ses moindres particularités pour y reconnaître l'individualité. On arrive, dans des documents émanés d'une même chancellerie, à une même époque, à reconnaître la main des différents scribes de cette chancellerie,

24. *Ibid.*, 16 février 1898, p. 643.

et c'est là un des éléments sur lesquels nous nous appuyons lorsqu'il s'agit d'apprécier l'authenticité ou la fausseté d'un document[25]. »

Ces hommes de science se retrouvèrent aussi actifs lors du premier procès de révision de la Cour de cassation en 1898-1899, où Gabriel Monod témoigna à son tour (ce qui lui valut, entre autres outrages, d'être traité par Charles Maurras d'« Allemand secret et bas polygraphe[26] »). Nombreux furent ceux, français et étrangers, qui assistèrent au procès de Rennes : Giry y intervint à nouveau.

Collaborer, contester, suppléer

Le 31 août 1898, Giry réussit un coup de maître en dénonçant, toujours avec sa méthode imperturbable, le faux forgé par le colonel Henry le jour même où celui-ci passe aux aveux[27]. Intervention extérieure au prétoire qui nous rappelle qu'aux historiens il revient aussi de peser du dehors, et avec leurs outils propres, sur le cours de la Justice quand celle-ci les exclut de ses enceintes, et qu'ils réprouvent son cheminement et ses verdicts.

Ici il s'agit pour eux de mettre leurs pas dans ceux du juge d'instruction – avec l'ambition, au mieux, de

25. *Ibid.*, 17 février 1898, p. 685.
26. Charles Maurras, *Au Signe de Flore, souvenirs de vie politique*, Paris, Grasset, 1933, « Les Monod peints par eux-mêmes », p. 160.
27. Madeleine Rebérioux, art. cité, p. 420.

l'aiguillonner, au pis de le suppléer, quand il est défaillant, soit par négligence soit par servilité.

Depuis longtemps, on a vu des historiens contester du dehors un procès et la démarche intellectuelle qui l'anime. La chaîne va de Voltaire, avec l'affaire Calas, jusqu'au Pierre Vidal-Naquet de l'affaire Audin – ce mathématicien assassiné par des militaires français pendant la guerre d'Algérie. Quand il publie en 1958 son livre sur Maurice Audin, Pierre Vidal-Naquet livre une enquête historico-judiciaire où il s'efforce, à partir de la source unique que constituent les procès-verbaux établis par le juge d'instruction et son greffier, de rétablir une vérité que la Justice, trahissant sa mission, s'évertuait précisément à dissimuler[28].

Tout récemment encore Carlo Ginzburg, le maître italien de la « micro-histoire », a consacré beaucoup d'énergie et de savoir-faire à démonter dans un livre – qui s'intitule précisément *Le Juge et l'Historien* – le mécanisme de ce qui lui apparaît comme une grave erreur judiciaire. Il s'agit d'une lointaine séquelle de l'action du gauchisme dans la péninsule. En mai 1992, un commissaire de police avait été assassiné à Milan. Il avait été présenté par le journal contestataire *Lotta Continua* comme responsable de la mort d'un anarchiste défenestré dans les jardins de la préfecture de police. Seize ans plus tard, un ancien militant du groupe Lotta Continua met en cause trois anciens camarades à

28. Pierre Vidal-Naquet, *L'Affaire Audin, 1957-1978*, n^lle^ éd., Paris, Éd. de Minuit, 1989.

lui, Ovidio Bompressi, Giorgio Pietrostefani et Adriano Sofri. Au terme d'un marathon judiciaire (sept procès en neuf ans), ils sont tous trois condamnés à vingt-deux ans de prison, tandis que leur accusateur bénéficie de la prescription.

Spécialiste des procès en sorcellerie conduits par l'Inquisition au XVIIe et au XVIIIe siècle, Ginzburg applique son expérience à ces procès contemporains, en étudiant minutieusement indices et témoignages et en critiquant pas à pas la démarche des juges pour démontrer l'inconsistance des accusations et l'innocence des condamnés [29]. Il n'a pas, à ce jour, réussi à faire se déjuger la justice italienne. Mais l'épisode n'est pas clos.

Ajoutez un dernier levier à disposition : celui des rapprochements stimulants. Pour la seule année 1898, année charnière, on voit les historiens multiplier les publications sur des erreurs judiciaires des siècles précédents – selon des parallèles du type « concordances des temps », tantôt explicites et tantôt implicites. Vincent Duclert en a relevé récemment une liste impressionnante. Ainsi de Gaston Paris : *Un procès criminel sous Philippe le Bel* ; de Joseph Reinach : *Le Curé de Fréjus ou les Preuves morales* et *Une erreur judiciaire sous Louis XIV : Raphaël Lévy* ; d'A. Bergougnan : *L'Affaire Fabus et l'Affaire El Chourfi, les erreurs du conseil de guerre* ; d'Edmond Hemel et Henri Varennes : *Le Dossier du lieutenant Fabry, pages d'histoire judi-*

29. Carlo Ginzburg, *Le Juge et l'Historien. Considérations en marge du procès Sofri*, traduit de l'italien, Lagrasse, Verdier, 1997.

ciaire ; d'Alfred Meyer : *Lally-Tollendal et son procès de trahison, le bâillon en 1766 (la cabale, le huis clos, le supplice, la révision, Voltaire et Condorcet)*[30]...

Bonne façon de marquer que ce serait rabougrir l'apport potentiel des historiens que de les cantonner dans cette épreuve reine de notre discipline que l'on appelle l'explication de textes, ou même dans leur technique d'enquêteurs rétrospectifs. Il revient à leur compétence originale de fournir au juge ou au juré le moyen de se faire une meilleure idée du décor politique et psychologique sur le fond duquel a été accompli l'acte – ou les actes – qu'ils ont à condamner ou à absoudre. Et plus l'événement est lointain, plus leur apport est précieux.

Il le sera d'autant plus, à vrai dire, que le juge, reconnaissant sa spécificité, saura ne pas déborder, quand la tentation s'en présentera, du terrain précis qui est le sien.

---

30. Vincent Duclert, *op. cit.*, p. 157 et 208.

2

Le juge et la tentation de Clio

Les tribunaux prennent grand soin d'affirmer qu'il ne leur revient pas de dire l'Histoire. Mais pourtant ils ne s'abstiennent pas toujours de se prononcer sur elle.

A lire de près certains attendus, on ressent parfois chez les magistrats quelque jubilation secrète à pouvoir s'ébattre dans le territoire de Clio. On songe à ce qu'y aurait pu trouver de satisfactions ce juge arborant un crêpe le jour anniversaire de la mort de Louis XVI, qu'évoquait naguère un journaliste devant Pierre Truche, aujourd'hui premier président de la Cour de cassation. Ce dernier aurait pu rappeler que les magistrats s'engagent, au début de leur carrière, à être fidèles à la République. Il se contenta de faire observer que « le fait d'être royaliste ne devrait pas conduire [le magistrat en question], normalement, à l'exprimer dans ses jugements ». « Ne devrait pas… » Soit. Mais qu'arriverait-il si un litige à caractère historique impliquait qu'il délibérât dans ces parages ? Le même président Pierre

Truche citait ce collègue qui avait relaxé tous les prévenus à une audience de police. « Comme je m'en inquiétais, on m'a répondu : "Regardez la date ! C'est le Vendredi saint." – Et alors ? – Alors [il] avait prévenu avant l'audience qu'il y avait déjà eu une erreur judiciaire ce jour-là et qu'il n'y en aurait pas d'autres de son fait[31]... »

Laissons ces cas extrêmes. Et considérons le flot du plus normal. Certes, les juges aiment à souligner qu'une règle qui les protège contre la tentation de se prétendre indûment (et dangereusement) historiens est l'interdiction qui leur est faite, quand un ouvrage est en litige au prétoire, de conduire aucune recherche documentaire par eux-mêmes et d'appuyer leur décision sur d'autres éléments que ceux fournis par les parties. Mais surtout, chaque fois qu'ils le peuvent, ils se réfugient dans l'analyse de la méthode – sources révélées, prudence et rigueur – qui a conduit tel auteur à telle allégation.

Ainsi, par exemple, lorsque Henri Frenay, fondateur du mouvement de résistance Combat, perdit un procès contre l'Institut national de l'audiovisuel au sujet d'un film où l'on avait opposé à son point de vue sur les liens de Jean Moulin avec le Parti communiste celui de Daniel Cordier. Voyez ce que dit le tribunal de grande instance de Paris, en date du 13 juillet 1984 : « Attendu qu'aucune dénaturation des propos tenus par les uns ou les autres n'a été rapportée en preuve avec l'évidence

31. *In* Laurent Greilsamer et Daniel Schneidermann, *Les juges parlent*, Paris, Fayard, 1992, p. 548.

suffisante qui permette d'imposer l'instauration de débats ou de mises au point ou d'alimenter des controverses historiques dans lesquelles *le tribunal n'a ni compétence ni qualité pour intervenir ou se prononcer et qui doivent demeurer le domaine d'action exclusif de l'historien.* Attendu que [...] il n'est pas établi que des manipulations ou découpages arbitraires et fautifs aient tendu à défigurer l'image de Henri Frenay ou aient eu pour résultat de porter atteinte à sa dignité et à la considération légitimement due à sa personne [32]... »

Le professeur Lewis et les Arméniens

Cette position est difficile à tenir et la Justice est souvent sur le fil du rasoir. Ce fut le cas lors du procès intenté voici quelques années à propos de l'histoire arménienne au professeur de Princeton Bernard Lewis, éminent historien anglais du Proche-Orient.

On sait que les massacres des Arméniens perpétrés par les Turcs, entre avril 1915 et juillet 1916, au cœur de la Première Guerre mondiale, demeurent aujourd'hui encore un « enjeu de mémoire » essentiel pour ce pays et pour toute la diaspora arménienne.

Les Arméniens considèrent que leurs compatriotes alors exterminés (entre 600 000 et 1,2 million selon les estimations) l'ont été selon les critères mêmes qui défi-

32. Cité par Georges Kiejman, « L'Histoire devant ses juges », *Le Débat*, n° 32, novembre 1984, p. 118. C'est moi qui souligne.

nissent un génocide, au sens où le mot créé en 1944 à propos des Juifs et des Tsiganes a été employé depuis. Il s'agit de la destruction intentionnelle de « tout ou partie d'un groupe national, ethnique, racial ou religieux » : c'est la définition adoptée par l'Assemblée générale des Nations unies le 9 décembre 1948 et reprise en gros en son article 211-11 par le nouveau Code pénal français en vigueur depuis le 1er mars 1994 (qui ajoute seulement : « ou d'un groupe déterminé à partir de tout autre critère arbitraire »).

La plupart des historiens spécialisés, en dehors des spécialistes turcs, estiment qu'il y a bien eu génocide des Arméniens, l'intention de leur destruction massive s'étant traduite par un plan concerté. Cette opinion a été « prise en compte » par une « Sous-commission de la lutte contre les mesures discriminatoires et la protection des minorités », rattachée à l'ONU, en août 1986, et elle a été agréée par le Parlement européen en juin 1987[33].

Or telle n'est pas l'opinion de Bernard Lewis. Interrogé par *Le Monde*, le 16 novembre 1993, sur le refus persistant des autorités turques de reconnaître le génocide arménien, il répond par une autre question : « Vous voulez dire reconnaître la version arménienne de cette histoire ? » Puis, après avoir expliqué que les Turcs rencontraient à l'époque « un « problème arménien », [...] à cause de l'avance des Russes et d'une

33. Sur cette question, on peut consulter l'excellent dossier proposé par *L'Histoire* dans son numéro 187 d'avril 1995. Le point de vue majoritaire y est défendu par Yves Ternon.

population anti-ottomane qui cherchait l'indépendance et qui sympathisait ouvertement avec les Russes venus du Caucase », il ajoute qu'il aurait fallu, pour que le terme de génocide soit acceptable, qu'il y ait une « politique délibérée, une décision d'anéantir systématiquement la nation arménienne ». Et il conclut : « Cela est fort douteux. Des documents turcs prouvent une volonté de déportation, pas d'extermination. »

Le 27 novembre suivant, trente intellectuels lui répliquent dans le même journal sous le titre : « Cela s'appelle un génocide », et suscitent de Lewis une réponse en anglais, qui paraît traduite et abrégée dans *Le Monde* et où l'historien persiste et précise sa conviction. C'est alors que les milieux associatifs arméniens se mobilisent et engagent une procédure civile contre lui, en s'appuyant sur l'article 1382 du Code civil qui stipule : « Quiconque a causé un préjudice est tenu de le réparer. » Ils allèguent que le professeur de Princeton a commis une « faute génératrice d'une atteinte très grave au souvenir fidèle, au respect et à la compassion dus aux survivants et à leur famille ».

Par-delà le fond de la question, on mesure ce qui est en jeu : le magistrat va-t-il pouvoir éviter de se faire historien pour rendre son jugement ?

Le 21 juin 1995, la première chambre du tribunal de grande instance de Paris condamne Bernard Lewis à payer au Forum des Associations arméniennes de France la somme de 10 000 francs et à la Ligue contre le racisme et l'antisémitisme (LICRA) celle de 4 000 francs (il n'y aura pas d'appel).

Quels sont les attendus ? Le tribunal commence par afficher qu'il ne lui revient pas de qualifier ou non de « génocide » le massacre des Arméniens. Pourquoi ? Eh bien ! parce que « s'agissant d'événements se rapportant à l'Histoire [le grand H est du texte], les tribunaux n'ont pas pour mission d'arbitrer ou de trancher les polémiques ou controverses qu'ils sont susceptibles de provoquer, de décider comment doit être représenté et caractérisé tel ou tel épisode de l'Histoire nationale ou mondiale ».

Soit ! Mais alors pourquoi et avec quelle autorité condamner – c'est-à-dire faire en somme ce que l'on vient d'annoncer que l'on ne fera pas ? Le tribunal y parvient de la façon suivante. Après avoir proclamé la pleine liberté, « par principe », de l'historien « pour remettre en cause, selon son appréciation, les témoignages reçus ou les idées acquises », il pose que cette liberté ne va pas sans responsabilité et que par conséquent « l'historien engage [la sienne] envers les personnes concernées lorsque, par dénaturation ou par falsification, il présente comme véridiques des allégations manifestement erronées ou omet, par négligence grave, des événements ou opinions rencontrant l'adhésion de personnes assez qualifiées et éclairées pour que le souci d'une exacte information lui interdise de les passer sous silence ». (Sont ici évoqués le document de la Sous-commission de l'ONU et le vote du Parlement européen.)

Des « allégations manifestement erronées » ? Il ne s'agit pas, semble-t-il, de cela puisque les magistrats précisent qu'à condition « de relever et d'analyser les circonstances susceptibles de convaincre les lecteurs de [l']absence de pertinence » de telles affirmations, il était en droit de les contester ; le fond de la faute est donc, en conclusion des attendus, que « c'est en occultant les éléments contraires à sa thèse que le défendeur a pu affirmer qu'il n'y avait pas de "preuve sérieuse" du génocide arménien, qu'il a manqué ainsi à ses devoirs d'objectivité et de prudence, en s'exprimant sur un sujet aussi sensible »...

Comme on le voit, tout cela ne va pas à son terme sans quelques contorsions. Précisément parce qu'il ne se veut à aucun prix historien, le juge se refuse à taxer Bernard Lewis directement de mensonge (« il n'est pas contestable, dit-il, que [celui-ci] puisse soutenir sur cette question une opinion différente de celle des associations défenderesses »). Mais, parce que se référant à l'autorité des instances internationales (qui ont elles-mêmes choisi leurs historiens) il souhaite le faire tout de même à travers elles, il est contraint de se placer uniquement sur le terrain de la méthode, où il se trouve assez faible. Car il est difficile de soutenir que Lewis d'une part « ait omis des événements [...] rencontrant l'adhésion [la formule est curieuse] de personnes qualifiées » – il les a différemment éclairés –, d'autre part qu'il n'ait pas tenu compte de l'opinion opposée, ni dans l'interview ni dans sa réponse aux trente intellectuels où derechef il contestait, à l'origine de « cette horrible tragédie humaine », l'existence « d'une décision et d'un plan d'ensemble du gouvernement ottoman visant à exterminer la nation arménienne », parce qu'il n'en existerait aucune « preuve sérieuse » – comment pourrait-il les contester s'il ne les évoquait pas ?

L'un des plus notoires parmi les « trente », Yves Ternon, spécialiste reconnu de l'histoire arménienne, emploie d'ailleurs un autre argument, dans son commentaire du jugement, dans les attendus duquel celui-ci ne figure pas : « La liberté de l'historien qui nie un génocide est relative puisque [...] en niant ce crime, dans une certaine mesure, il s'en fait complice [34]. » Même si l'on est convaincu de la légitimité de l'emploi du mot, il n'en faut pas moins reconnaître que Lewis ne « nie pas » le crime, mais seulement en refuse la définition et en disperse la responsabilité (tout en l'atténuant au nom des agissements antipatriotiques de nombreux Arméniens) [35].

A la fin des fins, on ne parvient pas à se déprendre de l'idée que si les négationnistes n'avaient pas, avec leurs ignominies, imprégné l'atmosphère du moment, Bernard Lewis n'aurait pas reçu cette volée de bois vert d'un tribunal français. Or, mettre en cause l'existence d'un « plan concerté » dont ses adversaires n'ont pas de preuve avérée et qu'ils peuvent seulement affirmer avec une très forte probabilité n'est visiblement

---

34. Yves Ternon, *Les Arméniens, histoire d'un génocide*, n^{lle} éd., Paris, Le Seuil, coll. « Points », 1996, p. 355. Il donne un récit de l'épisode avec ses commentaires.

35. On trouve sur la même ligne, pour refuser le terme de génocide, Gilles Veinstein, directeur d'études à l'École des hautes études en sciences sociales et spécialiste de l'empire ottoman, dans son article pour le dossier cité de *L'Histoire*, « Trois questions sur un massacre », p. 40-41.

pas du même ordre que de nier contre d'absolues certitudes l'existence des chambres à gaz. Les magistrats n'auraient-ils pas mieux fait, en l'occurrence, de se tenir en dehors du débat scientifique ? Ce fut en tout cas la réaction vive de plusieurs journaux américains [36], dans un pays où une telle décision n'aurait guère été concevable.

Les contorsions du procès Touvier

Aussi bien l'attitude à la fois prudente et ambiguë de la Justice se défendant de se prononcer au fond sur une question historique tout en s'engageant quand même implicitement est parfois moins tenable encore. On a découvert à l'occasion des péripéties du procès Touvier qu'il pouvait se faire que la qualification d'un crime exigeât de la part de magistrats une appréciation historique d'ensemble, non plus sur un comportement individuel mais sur la nature même d'un régime : Vichy.

---

36. « Quand une Cour est disposée à punir un chercheur [...] pour avoir exprimé une opinion "insultante" sur un sujet historique, même quand le débat a fait rage dans le monde entier pendant des années, l'absurdité et le caractère pernicieux de telles lois se manifestent avec éclat. Dès lors qu'une Cour ou une institution disciplinaire peut être enrôlée pour faire taire l'expression d'un point de vue impopulaire, au lieu d'argumenter, tous les inconvénients possibles en résulteront à coup sûr » (*The Washington Post*, 9 septembre 1995, c'est moi qui traduis). Cf. aussi dans le même sens *The Wall Street Journal*, 28 août 1995. Je remercie Jean-Claude Casanova qui m'a confié un dossier, avec notamment le texte complet du jugement, qu'il avait préparé en vue d'une publication (non aboutie) pour *Commentaire*.

Rappelons l'imbroglio pour le démêler. Un arrêt de la chambre criminelle de la Cour de cassation du 20 décembre 1985 avait précisé, à l'occasion de l'affaire Barbie, que les crimes contre l'humanité, notion toujours très mal cernée, étaient définis notamment par le fait qu'ils aient été commis « au nom d'un État pratiquant une politique d'hégémonie idéologique ». Le juge Getti, qui instruisit le dossier de 1989 à 1991 sous cet éclairage, argumenta qu'en effet le chef milicien Touvier avait commis des crimes en tant que dépendant du régime de Vichy, qui pratiquait précisément une « politique d'hégémonie idéologique » contre les Juifs persécutés par lui depuis 1940.

C'est ici qu'intervient dans le procès le moment où trois magistrats, membres de la chambre d'accusation de Paris, le président étant Jean-Pierre Henne, eurent à définir le régime même de Vichy. Ce fut pour prononcer qu'à « Vichy ne régnait pas une idéologie précise », que le Juif n'y était pas, comme en Allemagne, un « ennemi de l'État », et que l'expression « État pratiquant une politique d'hégémonie idéologique » s'appliquait au IIIe Reich et non au régime du Maréchal, défini comme une « constellation de "bonnes intentions" et d'animosités politiques ». D'où un non-lieu qui créa un profond étonnement, une immense colère parmi les parties civiles et beaucoup d'ironies chez les historiens. « Je suis moi-même surpris, dit alors François Mitterrand, et le mot est modeste[37]... »

---

37. Cité par *Le Monde*, 17 mars 1994.

A telle enseigne que pour relancer l'affaire et faire venir le procès la Cour de cassation dut se rabattre, dans deux arrêts successifs, abandonnant Vichy, sur l'argument que Touvier s'était fait personnellement le complice de l'Allemagne nazie dans sa politique d'hégémonie idéologique et d'extermination des Juifs.

La conséquence judiciaire en fut que, prise à contre-pied, la cour d'assises de Versailles vit l'avocat général et la plupart des parties civiles insister sur la dépendance de Touvier envers les hitlériens, alors que toute l'enquête du juge d'instruction avait mis l'accent, non sans bien des arguments factuels, sur son autonomie, donc sur sa responsabilité plus grande que s'il avait été dépendant. Et l'impression demeura que l'issue, la condamnation de Touvier à perpétuité, si elle était marquée d'une évidente légitimité morale, n'en était pas moins fondée sur un mensonge historique.

Or, du point de vue de la relation entre le juge et l'historien, il est frappant que tout a basculé au moment précis où les trois magistrats de la chambre d'accusation de Paris ont fait de Vichy cette description – cette analyse ? – à caractère exclusivement historique et, à force d'indulgence pour le régime pétainiste, proprement indéfendable aux yeux de tout spécialiste de la période, et même de tout écolier muni d'un bon manuel... Cette escapade hors de leurs bases a coûté cher, comme on voit, à la dignité de la justice républicaine. Et probablement fut-ce l'effet d'un regrettable débordement de compétence.

Les dangers de la loi Gayssot

Le débat se complique et se durcit lorsque la législation assigne à la Justice non pas seulement le devoir général de servir, dans les limites de sa responsabilité, la vérité historique, mais désigne spécifiquement un mensonge particulier qu'il lui revient de pourfendre. Ainsi du négationnisme, en France, et de la loi Gayssot.

Rappelons-en la genèse, la teneur et la portée. Dès 1987, Charles Pasqua, ministre RPR de l'Intérieur, avait évoqué publiquement une possible modification de la grande loi sur la presse de 1881 en créant « un délit de négation des crimes contre l'humanité » ; plus tard, en avril 1988, Georges Sarre, député socialiste de Paris, déposait une proposition de loi visant ceux « qui portent atteinte à la mémoire ou à l'honneur des victimes de l'holocauste nazi en tentant de le nier ou d'en minimiser la portée ». Enfin, une loi du 13 juillet 1990, adoptée à l'initiative du groupe communiste de l'Assemblée nationale, ajoutait un article à la loi fondatrice de 1881. « Seront punis [...] ceux qui auront contesté [...] l'existence d'un ou plusieurs crimes contre l'humanité tels qu'ils sont définis par l'article 6 du Tribunal militaire international annexé à l'accord de Londres du 8 août 1945 et qui ont été commis soit par les membres d'une organisation déclarée criminelle en application de l'article 9 dudit statut, soit par une personne coupable de tels crimes par une juridiction française ou internationale. » La peine sera d'un an de prison et 30 000 francs d'amende.

Cette législation n'a pas été bien reçue par la plupart des historiens.

Le fond des choses n'est pas en cause, comme bien l'on pense. La contre-attaque des spécialistes universitaires avait été générale contre l'entreprise de démontrer l'inexistence des chambres à gaz et même, à toute extrémité, du génocide des Juifs. Ils ont fait rejeter le terme de « révisionnisme », trop honorable (l'appréciation du passé n'a pas cessé de progresser par *révision* des connaissances antérieures), et ils ont répandu et finalement imposé celui de négationnisme, tentative de nier l'évidence d'un fait établi, comme on ferait du plein jour à midi. Ils avaient fait annuler le doctorat qui avait été attribué, à Nantes, en juin 1985, par un jury qui ne comprenait pas de vraies compétences, après soutenance de la thèse négationniste d'Henri Roques[38]. Ils avaient montré ainsi une efficacité qui a fait reculer l'offensive de l'ignoble et contribué à démasquer l'antisémitisme, nourricier de ces sinistres élucubrations. Ils ont confiné les négationnistes dans la place marginale et universellement méprisée qu'ils occupaient dans les années soixante-dix.

La question est donc ailleurs : dans le principe même de la loi. Un arsenal juridique permettait déjà de condamner les propos racistes et, quand ils émergent explicite-

38. Cf. Michèle Cointet et Rainer Riemenschneider, « Histoire, déontologie, médias : A propos de l'affaire Roques », *Revue d'Histoire moderne et contemporaine*, janv.-mars 1987, p. 174-184.

ment dans les publications négationnistes, tout héritier des Lumières, tout démocrate se réjouira qu'il soit utilisé sans faiblesse. Mais ici il s'agit d'autre chose, d'un texte qui se mêle d'interdire l'énoncé public d'un mensonge historique, et qui par conséquent assigne au juge la tâche, pour condamner un individu, d'apprécier une réalité collective appartenant à la « grande Histoire ». Cela dépasse sa mission professionnelle et même, probablement, son savoir-faire.

De surcroît, une gêne sous-jacente venait peut-être de ce que la nouvelle loi ne concernait que la seule Shoah et les crimes définis par le Tribunal de Nuremberg, c'est-à-dire commis entre 1939 et 1945. Dans l'affaire des déclarations de Bernard Lewis sur le massacre des Arméniens, la 17e chambre du tribunal correctionnel de Paris, après avoir entendu les experts, les témoins et les parties, a jugé (alors que, comme on l'a vu, le procès civil avait abouti) que l'action intentée au nom de la loi Gayssot par le Comité de défense de la Cause arménienne et par trois rescapés des massacres de 1915 était irrecevable puisque ces événements étaient antérieurs à la Seconde Guerre mondiale. Or peut-on admettre que le négationnisme ne soit pas coupable au pénal, si on a jugé au civil, à tort ou à raison, qu'il l'était ?

Le souci des historiens n'est pas de défendre je ne sais quel monopole. Mais de garantir que ce soit une recherche scientifique, conduite avec rigueur et diffusée selon les règles du métier, qui triomphe de l'erreur, du mensonge et de la tromperie, non pas une censure assurée par les tribunaux. Au demeurant, ils savent d'expérience que ce genre d'occultation imposée par la voie judiciaire n'atteint jamais complètement son but : elle tend à renforcer au contraire chez divers esprits tortueux ou crédules la conviction qu'il doit y avoir, après tout, quelque vérité cachée là-dessous puisqu'on l'étouffe sous un oreiller d'hermine[39].

Pourra-t-on vraiment l'étouffer, d'ailleurs ? A l'époque d'Internet, c'est plus ardu que jamais. Des citoyens ardents l'ont compris : plutôt que de s'acharner à obtenir l'interdiction des sites négationnistes qui y fleurissent (on sait la difficulté extrême de l'obtenir dans ce champ technologique nouveau), ils se sont attachés à contre-attaquer sur la « Toile ». Ils y ont diffusé des textes de Pierre Vidal-Naquet (*Les Assassins de la mémoire*) et ceux d'autres savants reconnus qui ont engagé dans ce combat intellectuel et civique leur réputation et leur compétence.

Faut-il aller jusqu'à la position du juriste Jacques Robert, ancien membre du Conseil constitutionnel et spécialiste des libertés publiques, qui écrit à ce propos, blâmant la loi, qu'« il faut *tout* laisser attaquer afin qu'on puisse *tout* défendre[40] » ? Cette attitude extrême pourrait remettre en cause, non sans péril, jusqu'à la législation antiraciste. Mais on le rejoint volontiers pour ce qui est du négationnisme qui jette son venin dans le champ historiographique.

---

39. Cf., dans le même sens, Madeleine Rebérioux, « Le génocide, le juge et l'historien », *L'Histoire*, n° 138, novembre 1990, p. 92-94.

40. Jacques Robert, *Droits de l'homme et Libertés fondamentales*, 6ᵉ éd., Paris, Domat-Montchrétien, 1996, p. 655. Je remercie Jacques Chevallier, professeur à Paris-II, pour ses avis sur ce point.

Si l'on va au fond des choses, le péril est qu'on exige de la Justice qu'elle se prononce en somme sur le travail des historiens. Le résultat n'est pas préoccupant à court terme, mais ce précédent d'un débordement pourrait, en d'autres périodes nationales imprévisibles, être gros de conséquences inquiétantes.

3

Expliquer ou juger

L'injonction de Marc Bloch

Évoquons encore Marc Bloch : ce maître n'a pas fini de nous inspirer. Dans son livre ultime, *Apologie pour l'Histoire ou Métier d'historien*, il a ce cri célèbre : « Robespierristes, antirobespierristes, nous vous crions grâce ; par pitié, dites-nous seulement qui fut Robespierre [41]. »

Juger et comprendre, deux soucis qui paraissent se compléter et qui pourtant s'opposent souvent. Entre le juge et l'historien, telle est bien la principale ligne de fracture.

J'avais été frappé, à l'époque du Bicentenaire, par une formule que Mona Ozouf avait appliquée à la Révolution. Elle l'avait empruntée à Chamfort qui parlait, lui, des femmes… : « Aimer ou connaître, il faut

41. Paris, Armand Colin, 6e éd., 1967, p. 70.

choisir. » Ne peut-on pas modifier le mot, pour l'appliquer à la Justice ? « Juger ou comprendre, il faut choisir »...

Le juge est voué à la simplicité du binaire. Au pénal, l'homme jugé est coupable ou innocent ; et les nuances possibles des « circonstances atténuantes » ne suffisent pas à faire échapper un magistrat à cette alternative brutale. Au civil, l'une des deux parties a tort, au regard de la législation en vigueur et de l'interprétation qu'on en fait, et l'autre a raison. Dans les deux cas la question, immuable, est la suivante : « Qui est dans son droit ? et qui ne l'est pas ? »

L'Histoire, pour sa part, regimbe devant ce tête-à-tête brutal entre le juste et l'injuste, entre le sûrement oui et le certainement non. L'historien se situe dans un autre ordre que le magistrat, avec le devoir premier d'éclairer les ressorts de tous les groupes et de tous les acteurs, et non pas de les classer, rétrospectivement, à sa droite ou à sa gauche. Le juge ne peut échapper à la nécessité de prendre parti. L'historien, oui, souvent.

Certes, il ne faut pas forcer le trait. Je ne dis pas qu'il soit interdit au juge de scruter l'environnement de l'acte qu'il lui revient de qualifier et éventuellement de sanctionner. Mais au bout du compte sa mission lui impose de résister à la tentation de dissoudre la responsabilité de l'accusé dans la diversité des causes, extérieures à sa volonté, qui l'auraient conduit à tel ou tel comportement. Sinon comment fera-t-il tomber son glaive ?

Une autre façon d'éclairer leur différence consiste à considérer leur démarche en termes de rythmes. Non seulement celui du juge est d'ordinaire plus court (quand bien même il prend son temps, bon gré mal gré, d'une façon qui pèse aux justiciables), mais il est contraint de conclure, en un instant donné. Alors la pièce est jouée, et la cause entendue. Tandis que l'historien remet indéfiniment son ouvrage sur le métier, et que nul de ses efforts n'aboutit jamais à l'achevé. Dès lors qu'un justiciable est mort, il sort définitivement de la scène judiciaire : la Justice ferme le dossier à jamais. L'historien continue naturellement de travailler, et même il a les mains plus libres…

Considérons l'opposition qu'on peut faire entre « l'autorité de la chose jugée » et celle qu'on attribue à une œuvre qu'une considération généralisée salue comme magistrale et même parfois « définitive ». La première expression signifie qu'une affaire est close, en principe sans retour. On n'y reviendra pas. Et la Justice est déjà passée à autre chose. La seconde formule reste toujours marquée de provisoire. Il ne s'agit jamais que d'une étape. Ceux des historiens anciens qu'on lit encore au-delà du cercle des chercheurs spécialisés surnagent par leur séduction littéraire, et un pouvoir d'évocation quasi romanesque. D'ailleurs, aujourd'hui, leurs livres exigent, pour survivre, une surcharge d'ajouts, de mises à jour et de précisions infrapaginales. Et de nouvelles curiosités appelant de nouvelles réponses circulent hors de leur portée.

Par quoi il apparaît que l'historien peut se contenter d'une probabilité, parce qu'une remise en cause ultérieure de ses conclusions lui semble sinon agréable, au moins légitime et finalement vraisemblable. Tandis que le juge ne peut conclure que sur une intime certitude, puisque la révision de ses décisions, théoriquement possible, échappe à son horizon.

Le journaliste et la « mémoire collective »

Quant au journaliste, troisième partenaire, il travaille dans l'instantané. Qu'il fasse la revue des livres, qu'il soit chroniqueur judiciaire, ou qu'il « éditorialise » sur les événements, son lecteur attend de lui qu'il s'engage, qu'il jette un œil discriminant sur l'activité et les interventions des deux autres. Trop de cautèle, une neutralité trop affichée le desserviraient et détourneraient de lui, il peut le craindre, ceux-là mêmes de ses lecteurs qui lui reprochent à l'occasion et en sens inverse l'imprudence de sa hâte. Cependant, sa responsabilité morale et professionnelle n'est pas moindre, même si elle est autre. Il lui revient de refléter l'état de l'opinion publique et de la mémoire collective en même temps que de l'influencer. Intermédiaire, il n'est pas neutre, assurément, mais les pesanteurs du moment bornent ses éventuelles fantaisies ou élucubrations.

« Opinion publique », « mémoire collective ». Expressions vagues et insatisfaisantes. Mais pourtant quelque chose comme cela existe – et l'historien se saisit volontiers de l'une et de l'autre, avec une gourmandise croissante depuis deux ou trois décennies, parce que désormais il aime à s'attacher aux représentations tout autant qu'aux faits eux-mêmes. Entendez par là des réactions dominantes sur l'actualité, des avis prépondérants sur le passé, qui n'excluent pas d'importantes différences selon les générations, selon les familles d'esprit, selon les traditions régionales.

Comme l'a bien marqué Maurice Halbwachs, sociologue de la mémoire, « l'Histoire n'est pas tout le passé, mais elle n'est pas, non plus, tout ce qui reste du passé. [...] A côté d'une histoire écrite, il y a une histoire vivante qui se perpétue ou se renouvelle à travers le temps et où il est possible de retrouver un grand nombre de ces courants anciens qui n'avaient disparu qu'en apparence. S'il n'en était pas ainsi, aurions-nous le droit de parler de mémoire collective ? [...] Les groupes, au sein desquels autrefois s'élaboraient des conceptions et un esprit qui régnèrent quelque temps sur toute la société reculent bientôt et font place à d'autres qui tiennent à leur tour, pendant une période, le sceptre des mœurs et façonnent l'opinion selon de nouveaux modèles [42] ».

Ainsi, Halbwachs oppose pertinemment « mémoire collective » et « mémoire historique ». « La mémoire collective se distingue de l'Histoire [...]. C'est un courant de pensée continu, d'une continuité qui n'a rien d'artificiel, puisqu'elle ne retient du passé que ce qui en est encore vivant ou capable de vivre dans la conscience du groupe qui l'entretient [43]. »

42. Maurice Halbwachs, *La Mémoire collective*, édition Gérard Namier, Paris, Albin Michel, 1997, p. 113.
43. *Ibid.*, p. 131.

D'où, entre l'un et l'autre, un commerce compliqué. Le travail de l'historien dans le prétoire n'est qu'une des modalités de son dialogue (ou de son combat) avec la « mémoire collective ». Le journaliste a quant à lui vocation à refléter celle-ci ou, si lui-même prend ses distances avec elle, à en résumer la substance pour la soumettre à la critique de l'Histoire.

En 1955, dans son livre *Histoire et Vérité*, Paul Ricœur écrivait en philosophe : « Nous attendons de l'Histoire une certaine objectivité, l'objectivité qui lui convient ; la façon dont l'Histoire naît ou renaît nous l'atteste ; elle procède toujours de la *rectification* de l'arrangement officiel et pragmatique de leur passé par les sociétés traditionnelles. Cette rectification n'est pas d'un autre esprit que la rectification que représente la science physique par rapport au premier arrangement des apparences dans la perception et dans les cosmologies qui lui sont tributaires [44]. »

Ni les juges ni les historiens ne peuvent ignorer l'écho des mutations (ou soubresauts) de la « mémoire collective ». Ils ne vivent pas sous une cloche hermétique, puisque les juges tranchent au nom du peuple, que les jurés y baignent et qu'en France les procureurs sont sous l'autorité, jusqu'à nouvel ordre, d'un gouvernement issu indirectement du suffrage universel. Et puisque les historiens ont charge, par l'école et les manuels interposés, de former les citoyens de demain.

44. Paul Ricœur, *Histoire et Vérité*, Paris, Le Seuil, 1955 (2e éd.), p. 24-25.

Donc le journaliste, comme truchement, leur est d'un grand prix et s'affirme décidément dans le jeu comme troisième partenaire indispensable.

Questions de rythmes

Il revient seulement aux deux autres de réintégrer obstinément ce court terme dans les tempos plus longs qui sont les leurs. « Les médias sont l'anti-justice, écrit Antoine Garapon, car ils valorisent un jugement sur-le-champ, sous le coup de l'émotion, alors que la justice a pour ambition de se dégager de celle-ci et d'introduire le doute et la division, dans toute la durée d'un procès [45]. »

Cette distance fut patente dans le cas de Maurice Papon. En décidant de faire de celui-ci un prévenu libre (et qui le resterait donc jusqu'après un éventuel pourvoi en cassation), le président Castagnède était averti par la presse que sur l'instant il heurterait beaucoup d'esprits. Il a passé outre, mais ce fut en connaissance de cause, au nom de l'idée qu'il se faisait du procès dont il avait la charge. Les historiens aussi prennent leur recul : ainsi se sont-ils élevés contre l'idée fausse qui court sur le zinc et dans les dîners en ville quant à une prétendue mansuétude de l'épuration, et ont-ils rappelé qu'en réalité elle avait été rude, après la Libération [46] – tout en expli-

45. *Le Monde*, 28-29 septembre 1997.

46. Voir par exemple Henry Rousso, « Une Justice impossible, l'épuration et la politique anti-juive de Vichy », *Annales*, mai-juin 1993, p. 745-770.

quant pourquoi le « problème juif » avait été à l'époque occulté, et pourquoi il a resurgi depuis, jusqu'à l'obsession, chez les nouvelles générations. Celles-ci ont une grande difficulté, si on ne les y aide pas, à restituer la vérité de cette histoire.

En somme, il revient au juge et à l'historien de corriger constamment le rythme de l'instantané médiatique, sans manquer pour autant d'y être attentif ou, en d'autres termes, selon une expression de statisticien, de « lisser la courbe » des événements…

Cette distanciation nécessaire pose la question controversée de l'accès des caméras de presse dans le prétoire (je ne parle pas des enregistrements en forme d'archives filmées, précieuses pour l'Histoire et soumises aux délais légaux). La pratique américaine l'autorise dans la plupart des États. On sait combien elle appesantit là-bas la pression des émotions collectives sur la sensibilité des jurys. La diffusion en continu n'étant guère imaginable, sauf exceptions, le montage prête à la subjectivité tout autant que la façon de filmer. Le public en sera forcément marqué, non sans péril pour la sérénité.

En France, on a pris un parti inverse. Je me souviens d'avoir consulté à ce sujet, de concert avec le garde des Sceaux Michel Vauzelle, les principaux « patrons » de l'audiovisuel public et privé, en 1992, à l'occasion d'une réforme de la procédure pénale touchant la presse. Je les ai trouvés quasi unanimes dans le sens de la restriction. Depuis 1954, tout enregistrement – sonore ou visuel – d'un procès est prohibé en France s'il est destiné à la radio ou à la télévision. En 1984, André Brunschweig, président de la chambre criminelle de la Cour de cassation, proposait qu'on pût diffuser en léger différé et une fois la décision rendue les images et les sons de tous les procès propres à intéresser le public (c'est la pratique en Espagne, en Italie, aux Pays-Bas, en Grèce et au Portugal). La loi qu'a fait voter Robert Badinter l'année suivante est beaucoup plus restrictive : elle n'autorise l'enregistrement que d'audiences judiciaires présentant un intérêt pour la constitution d'archives historiques, et la consultation n'en sera autorisée qu'après vingt ans, la diffusion après cinquante. En 1990, une autre loi a desserré un peu ces restrictions dans le cas des crimes contre l'humanité : ce fut le fait d'une foi dans leur valeur civique et pédagogique.

Refuser une transmission simultanée est garantir une sorte de sas temporel entre la sensibilité du public et le calme nécessaire des audiences. Les déclarations faites sur les marches du palais, devant les micros tendus, n'offrant qu'un écho assourdi des débats, même de la part des plus tonitruants, ne peuvent avoir des effets d'un même degré. L'interdiction des photos a une portée voisine. Les dessinateurs de presse, dont la profession survit ainsi, ont une présence plus visible que celle des photographes. Leur intervention intermédiaire est plus apparente.

« L'Histoire jugera » ? de moins en moins...

« L'Histoire jugera ! »... « le tribunal de l'Histoire »... Voilà bien de ces formules que charrie la vie politique et qui, scrutées de près, perdent l'essentiel de leur substance. Cela surtout lorsqu'on cherche à faire appel d'une sentence des magistrats à un prétendu jugement de l'Histoire. Ainsi faisait Hitler s'écriant avec grandiloquence, à la fin de son procès, après son putsch raté de Munich, en 1923 : « Vous pouvez nous déclarer mille fois coupables, la déesse du tribunal éternel de l'Histoire cassera d'un sourire et la proposition du procureur et le jugement du tribunal ; car elle nous acquitte [47]. » C'était une billevesée.

Peut-être le lecteur observera-t-il qu'il arrive aux universitaires de se constituer en jury : lors des soutenances de thèses et de mémoires. Et qu'alors se dissoudrait la spécificité des historiens. Pourtant, l'idée n'en tient pas longtemps. Car la similitude du vocabulaire ne peut pas cacher la différence de nature de leur mission. Ils n'ont pas à infliger une punition, mais à ouvrir une porte. Ce n'est pas un acte qu'ils qualifient, par rapport à la loi, c'est une œuvre qu'ils notent, à l'aune de critères scientifiques et non pas éthiques. Le seul cas où la différence s'estompe est celui d'une faute non plus seulement intellectuelle mais aussi éthique,

---

47. Cité par Reinhart Koselleck, *L'Expérience de l'Histoire*, trad. de l'allemand, Paris, Gallimard-Le Seuil, 1997, p. 40.

telle qu'un plagiat ; alors, en effet, les professeurs réunis ressembleraient à des juges de première instance, pour décréter par exemple une exclusion, en attendant un recours éventuel devant les tribunaux vers lesquels il est à parier que l'on irait vite : signe d'un retour rapide à la mission spécifique de ceux-ci.

On doit reconnaître que de siècle en siècle l'Histoire a mis longtemps à se départir de toute attitude moralisante, à se séparer clairement de la Justice en s'abstenant de la concurrencer dans son rôle et de dire explicitement le bien et le mal, à se concentrer sur la recherche du vrai. Afin d'échapper au mot ironique de Pascal : « Tout le monde fait le dieu en jugeant : cela est bon ou mauvais. »

L'Antiquité demandait au premier chef à l'Histoire des *exempla*, l'évocation d'événements permettant, par leur enseignement, de fortifier les courages et de définir les conduites moralement louables : la *virtus* dans les deux acceptions du terme. Le genre était par là plus proche de l'art de l'avocat que des attendus du juge. Certes, on rencontre chez Hérodote, Thucydide ou Polybe la volonté de ne pas se borner à être des chroniqueurs ou des moralistes, de susciter les témoignages, d'éclairer les causes et de comprendre les enchaînements. Rome, ensuite, préféra mêler l'éthique au récit. Cicéron peut bien expliquer que l'historien doit procéder « sans la rudesse des débats judiciaires et sans les dards des jugements juridiques [48] », cette recommanda-

48. Cicéron, *De oratore*, II 15 64.

tion quant à la forme est une façon indirecte de reconnaître une proximité de fonction sociale. De telle sorte que longtemps (c'est encore Marc Bloch qui parle) « l'historien a passé pour une manière de juge des Enfers chargé de distribuer aux héros morts la louange ou le blâme ».

Or, s'attribuer cette mission prédominante, c'était courir le risque de succomber à tous les travers de la dissertation moralisante.

Carlo Ginzburg évoque cette question dans l'introduction du livre où il met en pièces un jugement contemporain qui est à ses yeux une éclatante erreur judiciaire. Il rappelle que l'histoire antique était toute proche de la rhétorique de la persuasion devant les tribunaux : « L'exposition historique requérait, en premier lieu, une qualité que les Grecs nommaient *enargheia* et les Latins *evidentia in narratione* : la capacité de représenter avec netteté personnages et situations. Comme un avocat, l'historien devait convaincre au moyen d'une argumentation efficace qui puisse le cas échéant donner l'illusion de la réalité non par la production de preuves, ni l'évaluation de preuves produites par d'autres ; ces activités-là revenaient en propre aux archéologues et, jusqu'à la seconde moitié du XVIIIe siècle, histoire et archéologie constituèrent des milieux intellectuels tout à fait indépendants, normalement fréquentés par des individus différents [49]. »

---

49. Carlo Ginzburg, *op. cit.*, p. 17.

C'est de l'époque des Lumières en effet que date le véritable rapprochement de l'histoire « littéraire » et de l'érudition, attachée à fournir des preuves et des démonstrations factuelles, telle qu'elle s'était peu à peu définie depuis les premiers humanistes jusqu'aux bénédictins de Saint-Maur et à leurs émules. On a accoutumé de faire du grand livre d'Edward Gibbon, *Le Déclin et la Chute de l'Empire romain*, paru entre 1776 et 1788, l'œuvre emblématique de cette mutation[50].

Ginzburg, quant à lui, cite la parution du livre du jésuite Henri Griffet, en 1769, *Traité des différentes sortes de preuves qui servent à établir la vérité de l'histoire* comme un épisode fondateur de la recherche érudite qui arme et en même temps justifie l'historien quand il entre dans l'arène judiciaire. A celui-ci de se souvenir alors que le mot d'*historia*, à l'origine, chez Hérodote, signifiait enquête.

Mais, au moment même où Justice et Histoire en viennent à partager, dans la quête d'une vérité, de plus en plus de procédés méthodologiques, la seconde commence de prendre ses distances quant à la responsabilité de hiérarchiser les actes des individus et des nations à l'aune du bien et du mal. Lorsque Schiller s'écrie, dans un poème célèbre de 1784, « l'Histoire est le tribunal du monde[51] », il n'entend pas que l'historien en est le

50. C'est la thèse notamment d'Henri-Irénée Marrou, « Qu'est-ce que l'Histoire ? », *in L'Histoire et ses méthodes*, Paris, Gallimard, Encyclopédie de la Pléiade, 1961, p. 27.
51. Friedrich von Schiller, « Résignation », cité par Reinhart Koselleck, *op. cit.*, p. 39.

juge, mais bien au contraire que ce sont les événements eux-mêmes, tels qu'il peut en restituer le déroulement, l'enchaînement et l'issue, qui offrent leurs leçons à l'appréciation des hommes.

A contre-courant : Victor Hugo

Ainsi put-on croire à la veille de la Révolution que l'Histoire était définitivement sortie des incertitudes moralisantes de l'enfance. Mais les pulsions du romantisme vinrent bientôt remettre en cause cette évolution en lui redonnant, sous une forme renouvelée, une responsabilité normative.

Dans un texte fameux qui date de 1807 et qui lui valut la fureur de Napoléon, Chateaubriand charge l'historien, après la dictature défaite et les principes de la liberté restaurés, de « la vengeance des peuples ». « Lorsque, dans le silence de l'abjection, on n'entend plus retentir que la chaîne de l'esclave et la voix du délateur ; lorsque tout tremble devant le tyran et qu'il est aussi dangereux d'encourir sa faveur que de mériter sa disgrâce, l'historien paraît, chargé de la vengeance des peuples. C'est en vain que Néron prospère, Tacite est déjà né sous l'Empire[52]. »

Dans ses *Mémoires*, Pierre Vidal-Naquet raconte le choc moral et affectif qu'il ressentit en découvrant un

52. Chateaubriand, *Mémoires d'outre-tombe*, Paris, Gallimard, Bibliothèque de la Pléiade, p. 570 et 630.

jour, sous l'Occupation, en 1942 ou 1943, ces lignes parues dans le *Mercure* du 4 juillet 1807. « Cette lecture, écrit-il, m'a marqué pour la vie[53]. » Ses engagements d'intellectuel y trouvent l'une de leurs sources.

Mission ambiguë pourtant, que celle assignée de la sorte à l'historien : c'est quasiment une tâche de substitution pour dénoncer et pour punir ceux que la lâcheté des juges asservis aux despotes aurait, un temps, indûment épargnés. Le prix à payer, dans la dialectique éternelle de la compréhension et de la condamnation, est de se résigner à ne jamais pouvoir faire tout à fait le départ entre les deux, dans le cours d'un travail professionnel.

Un poème méconnu de Victor Hugo résume superbement la question et prend parti dans un sens extrême. On y trouve ces deux vers, adressés « *Aux historiens* » (c'est le titre de cette pièce), qui résument tout de sa thèse :

> Ne me racontez pas un opprobre notoire
> Comme on raconterait n'importe quelle histoire.

Le propos est clair aussitôt. Le poète intime l'ordre aux historiens de ne pas se refuser à être juges, quand le crime est là – et d'autant plus qu'à ses yeux les magistrats professionnels, qu'il ne cesse pas d'accabler de

53. Pierre Vidal-Naquet, *Mémoires*, t. I, *La Brisure et l'Attente, 1930-1945*, Paris, Le Seuil-La Découverte, 1995, p. 113-114. Cf. aussi, du même auteur, « La demande sociale et l'engagement de l'historien », *in Écrire l'Histoire du temps présent*, *op. cit.*, p. 384.

son mépris et de sa verve, sont toujours défaillants. Il les interpelle ainsi :

Soyez juges. Soyez apôtres. Soyez prêtres.
Dites le vrai. Surtout n'expliquez pas les traîtres !
Car l'explication finit par ressembler
A l'indulgence affreuse, et cela fait trembler.

Et il brode sur ce thème au long de deux cents alexandrins, dont voici quelques-uns encore :

Historiens, ayez les traîtres en dégoût.
Ne rôdez pas avec vos lampes dans leur cave ;
Ne dites pas : Pourtant ce lâche était un brave ;
Ne cherchez pas comment leur forfait se construit
Et s'éclaircit, laissez ces monstres à la nuit.
Où donc en serions-nous si l'on expliquait l'homme
Qui tel jour a livré Paris, ou trahi Rome !
Discuter, c'est déjà l'absoudre vaguement.
Quoi ! vous alléguerez ceci, cela, comment
Il se fait qu'on devient ce misérable étrange !
Quoi ! vous m'expliquerez le pourquoi de la fange !
[…]
Lorsqu'un fourbe exécré du peuple qu'il perdit,
Un marchand de patrie et d'honneur, un bandit,
Vous prend pour avocats, ô penseurs, lorsqu'il ose
Vous porter son dossier, vous charger de sa cause,
Je suis content de vous si votre plaidoyer,
Justes historiens, consiste à foudroyer…

Il m'est arrivé parfois, à la lecture de telle ou telle biographie de Pierre Laval, pour prendre un exemple plus proche des mémoires contemporaines que les Monk, Deutz, Coriolan, Dumouriez, Leclerc, Pichegru ou Bazaine fouaillés par Victor Hugo chemin faisant, de songer qu'en effet l'effort acharné d'explication entraînait – ou révélait – une façon de donner l'absolution, rôle qui ne nous incombe pas plus que dresser un pilori rétrospectif. Il m'est arrivé de me murmurer avec Hugo :

> Je n'aime pas entendre ainsi parler l'Histoire,
> Et ce tas d'arguments, de motifs, de raisons,
> C'est l'encouragement sinistre aux trahisons [54]...

Oui. Et pourtant, sans qu'on puisse balayer d'un revers de main la pertinence de l'interpellation, il n'est guère d'historien qui obtempérerait aujourd'hui à l'injonction du poète. Il ne nous revient pas d'acquitter ou de punir, mais d'abord, et à tous risques, d'expliquer.

A tous risques ? J'ai évoqué déjà celui de dissoudre la responsabilité des acteurs à force de restituer la complexité des forces au milieu desquelles se sont définis leurs choix personnels. Mais mieux comprise cette complexité permet aussi, en sens inverse, de déterminer quelle fut la latitude offerte à leurs actes, autrement dit à l'exercice de leur liberté. Et ce va-et-vient entre le particulier et le général est fécond. Car il s'agit toujours de réfléchir à la dialectique qui s'organise entre la force des choses et la liberté des hommes.

Lao-tseu disait déjà, voici deux millénaires et demi : « Quand l'homme supérieur vit à une époque propice, il monte très haut, mais quand les temps sont contre lui, il

---

54. Le poème est daté du 15 janvier 1875, *La Corde d'airain,* XVI, *in Poésie* IV, Paris, Laffont, coll. « Bouquins », 1986, p. 541-545.

bouge à peine, comme si ses pieds étaient entravés[55]. » Ainsi en va-t-il parfois du gredin et du héros, dans les deux ordres du mal et du bien. Sans la défaite de 1940 Pierre Laval aurait peut-être son avenue à Aubervilliers, et Charles de Gaulle son impasse à Colombey-les-Deux-Églises.

Voilà pour le diachronique, et la prise en compte du temps qui passe. Mais il advient aussi que des circonstances semblables imposées à des individus différents (et voici pour le synchronique) laissent apparaître avec éclat, une fois qu'on les a restituées dans leur complexité même, la marge des possibles, partant la responsabilité du choix accompli.

Rien n'illustre mieux cela que le parcours parallèle de deux jeunes et brillants préfets de la fin de la IIIe République nourris dans le sérail radical-socialiste et qui pouvaient paraître, vers 1939, voués à des carrières jumelles : Jean Moulin et René Bousquet. Ensuite, la divergence vers deux extrêmes vint de la conscience de chacun.

---

55. Cité par Gilbert Étienne, « Figures de proue, le long et le court », *in L'Historien et les Relations internationales*, recueil d'études en hommage à Jacques Freymond, Genève, Institut universitaire des hautes études internationales, 1981, p. 50.

4

L'anachronisme, ennemi commun

A si grande distance…

Au procès de Maurice Papon, la distance entre les faits et le procès atteint un record absolu. C'est comme si on avait jugé Ravaillac en 1665, l'affaire du Collier de la reine au milieu de la monarchie de Juillet, le duc d'Enghien à la fin du Second Empire, les responsables du Panama à la Libération, Esterhazy au temps du gouvernement de Pierre Mendès France de 1954 ou encore les mutins de 1917 après Mai 68…

L'âge des jurés illustre le fossé temporel et psychologique que crée cette situation. Trois d'entre eux ont moins de trente ans, la moyenne d'âge étant de 41 ans (précisément la même que pour ceux du procès Touvier). Sans souvenirs personnels et sans la familiarité d'une culture historique approfondie, ils sont avides de leçons sur ce passé lointain. La question qu'ils posent d'emblée à René Rémond, par le truchement du premier assesseur, porte ainsi sur la différence entre les deux zones, jusqu'en novembre 1942. Il revient au « témoin » de donner un cours d'histoire pour faire comprendre que la situation était plus compliquée et qu'il existait cinq ou six zones. Lors du procès Touvier il avait déjà dû expliquer ce qu'étaient les SS[56]...

C'est assez dire que toujours rôde autour des audiences cette menace dont on n'est jamais quitte : l'anachronisme. Il empêche de rendre compte avec justesse de cette latitude d'action, de cette diversité des choix possibles dont la connaissance permet seule d'apprécier ce que l'homme mis en cause a fait jadis de sa liberté.

La fraîcheur des éventualités disparues

Or c'est ici peut-être que l'historien, parce que son métier le contraint à affronter sans cesse le risque d'anachronisme, est en mesure d'apporter au tribunal la contribution la plus précieuse. A condition de convaincre qu'il est capable, par-delà les années, de restituer toute la fraîcheur des multiples possibles qui se sont évaporés.

Du côté des sceptiques, on ne s'étonne pas de rencontrer Maurice Papon lui-même. Dans un entretien accordé, au milieu du procès, à la revue *Historia*, interrogé sur l'utilité des nombreux historiens cités à la

56. Exposé du 3 décembre 1997 cité.

barre, il répondait qu'il avait trouvé leurs analyses « un peu fastidieuses », et il ajoutait : « Certains avaient du talent, mais ils n'avaient pas vécu la guerre ni Vichy. Ils racontaient leur “truc” sur des archives[57]. »

Familière est l'objection naïve que les historiens ne pourraient jamais traiter convenablement de périodes antérieures à leur âge d'homme. Seul Fabrice del Dongo, en somme, serait à même de raconter Waterloo, et depuis la mort du dernier grognard l'Histoire devrait se faire muette sur la bataille. Quant à César et à Cicéron, ils n'auraient plus droit qu'à un profond silence.

L'unique avantage de cette absurdité est qu'elle attire l'attention sur son contraire, je veux dire la supériorité des historiens par rapport aux témoins quand il s'agit non pas d'éclairer un événement spécifique mais de restituer une époque, son climat, ses ressorts et ses logiques propres. Car, sur celle-ci, les témoins jettent forcément un regard où leur expérience ultérieure joue un grand rôle, sans que, contrairement aux historiens, ils se soient professionnellement exercés à s'en prémunir.

Bien mieux que les témoins directs, les historiens peuvent contribuer à une restitution approchée de l'univers mental et intellectuel de l'accusé au moment de son choix. Que savait Maurice Papon de la destination des Juifs déportés sous sa signature ? Denis Peschanski s'est posé la question pour les Français et les dirigeants de l'époque[58]. Une bonne partie des débats a tourné,

---

57. *Historia*, janvier 1998, p. 11.
58. Denis Peschanski, *Vichy 1940-1944. Contrôle et exclusion*, Bruxelles, Complexe, 1997, p. 175-192.

inévitablement, autour de cette question, l'une de celles, à vrai dire, à quoi il est le plus ardu de répondre. Et qui, pour une période où régnait une si lourde censure, appelle une distinction scrupuleuse entre les lieux, les moments, les groupes et les individus.

C'est toujours un effort de concevoir que les acteurs d'un moment donné ignoraient la suite des choses et que leur liberté s'exerçait à l'orée d'une profusion de virtualités aujourd'hui disparues et, partant, occultées, oubliées. L'uchronie – imaginer tout ce qui aurait pu être et qui ne fut pas – fait décidément partie de l'Histoire efficace.

La question peut d'ailleurs s'élargir jusqu'à des domaines inattendus. Aux États-Unis, les fabricants de cigarettes sont en butte, depuis quelque temps, à des procès que leur intentent d'anciens consommateurs (ou leur famille s'ils sont morts) cherchant à se faire indemniser pour des maladies résultant de l'usage du tabac. Les plaignants et les compagnies attaquées font appel tous deux à des historiens pour qu'ils interviennent dans le litige en se penchant sur la question suivante : voici vingt ou trente ans les plaignants étaient-ils avertis par les médias des risques sanitaires qu'ils couraient (et avec quelle précision et intensité) ? Les avocats de ces derniers cherchent des spécialistes de la presse estimant qu'il serait faux de croire aujourd'hui, sous l'influence des campagnes antitabagiques ultérieures, que le public américain était déjà bien informé. Les compagnies souhaitent (et parfois obtiennent) que d'autres disent exactement le contraire, afin de restituer leur responsabilité personnelle aux clients qui les attaquent en justice. Tout tourne toujours autour du problème : anachronisme ou pas ?

Difficile est l'exercice qui consiste à lutter sans relâche contre une tendance généralisée à écraser après coup les chronologies, à confondre les instants successifs d'une temporalité vraie, à éviter les périls d'un jugement téléologique qui trancherait non à partir d'un comportement considéré en soi, mais d'après la suite des événements collectifs ou individuels que le juge ou le juré connaît et que l'accusé ignorait. L'objectif est, selon un mot de Raymond Aron, de « défataliser » l'Histoire, en l'occurrence l'histoire individuelle d'un personnage mis en cause.

Quant à la biographie ultérieure de celui dont il s'agit, comment éviter qu'elle ne pèse dans la balance de Thémis ?

Les magistrats de Bordeaux peuvent bien rappeler obstinément, dans le droit fil de leur vocation, qu'on ne juge en Maurice Papon que ses actes commis sous l'Occupation. Il n'empêche que la suite de sa carrière ne cesse pas de marquer implicitement les esprits. Et même explicitement, par exemple quand émerge la question de la responsabilité personnelle du préfet de police dans les ratonnades d'octobre 1961 qui jetèrent dans la Seine des centaines d'Algériens vivant à Paris. En annonçant à l'improviste, le 16 octobre 1997, l'ouverture des archives d'État qui pouvaient évoquer cet événement sanglant, Catherine Trautmann, ministre de la Culture, subissait l'influence de l'anachronisme et risquait de l'accroître – puisqu'elle répondait tout à trac, sans afficher de réflexion préalable, à ce qu'elle apprécia sans doute comme une « demande sociale » violemment exprimée par les journaux.

Au reste, comment n'être pas persuadé que le déroulement de la carrière de Maurice Papon a contribué à le conduire dans ce prétoire ? S'il avait mené une existence obscure, après 1944, s'il n'avait pas été préfet, parlementaire et ministre, il est probable que le chercheur qui a déterré les premiers documents déclencheurs les aurait négligés, et que, dans le cas contraire, la Justice y aurait été moins attentive, moins portée à faire sortir ce secrétaire général de préfecture du lot de ceux de ses homologues qui pouvaient survivre. Elle n'aurait pas été soumise à la même pression des journaux.

La presse ambivalente

C'est bien ici, au moment où l'on se collette avec la menace de l'anachronisme, qu'il convient de faire entrer à nouveau la presse dans le jeu. Car elle risque toujours d'en augmenter les dangers.

Un risque seulement, pas une certitude : il serait injuste et même absurde de clouer au pilori une prétendue légèreté consubstantielle au journaliste. Au contraire, habitué à s'accommoder du foisonnement d'événements innombrables, il peut contribuer à rappeler au juge (et même à l'historien) le péril méthodologique d'une excessive rationalisation rétrospective des événements et des comportements [59].

Mais la tentation inverse est plus forte, celle de plaquer le présent sur le passé. Car le journaliste n'assume pas la responsabilité de l'historien qui doit aider le juge à ne pas se laisser exclusivement influencer par l'air du temps risquant de provoquer une redoutable incompréhension du passé. Les médias reflètent par nature (et on ne peut pas leur en faire grief) un moment de l'opinion qui regarde les temps anciens avec les lunettes d'aujourd'hui. Ce n'est pas à eux qu'il incombe de s'en défaire. C'est à l'historien qu'il appartient de cerner et si possible de dissoudre les idées reçues.

Le journaliste, comme son public, a souvent quelque peine à comprendre que la question juive n'ait pas été centrale à la Libération, devant la Justice et ailleurs, comme elle peut l'être aujourd'hui – après la construction de l'État d'Israël, l'arrivée en grand nombre des sépharades d'Afrique du Nord, une connaissance approfondie de l'enfer des camps, le renouvellement des générations...

Certains cas d'anachronisme sont caricaturaux. Le lecteur garde peut-être en mémoire cette étrange contribution à la célébration audiovisuelle du Bicentenaire de la Révolution que fut l'initiative de TF1, à la fin de 1988, trois ans après que la première chaîne nationale eut été livrée à l'entreprise de bâtiment et tra-

---

59. Le journaliste Éric Dupin en fait la juste observation (*in Écrire l'Histoire du temps présent*, *op. cit.*, p. 375).

vaux publics de Francis Bouygues. Yves Mourousi y eut l'idée saugrenue de faire rejouer le procès de Louis XVI. Jean-Edern Hallier et l'avocat Jacques Vergès y incarnèrent, en pitrerie, les rôles de Fouquier-Tinville et du défenseur du roi. Le téléspectateur eut là, ramassé, tout ce qu'avait d'absurde la volonté de trancher, à deux siècles de distance, de la culpabilité de tel ou tel sans que pussent être restitués ni le contexte historique ni les vrais enjeux du moment. On y nageait dans l'anachronisme. Et parce que le choix avait été de mimer un tribunal, la démonstration du péril n'en était que plus éclatante[60].

« J'ai usé ma souillure... »

Au surplus, le danger n'est pas seulement dans les questions posées et les réponses données. Lorsqu'une distance temporelle très longue s'interpose (plus d'un demi-siècle dans le cas de Maurice Papon), elle s'incarne dans le vieillissement même de l'accusé.

Cioran note dans son Journal, en 1969, à propos de l'époque où il s'était montré, dans les années trente, en Roumanie, nationaliste exalté et prohitlérien : « On me reproche certains passages de *La Transfiguration de la Roumanie*, livre écrit il y a trente-cinq ans ! J'avais 23 ans et j'étais plus fou que tout le monde. J'ai feuilleté

60. L'émission a été rediffusée sans vergogne par la chaîne câblée Festival, en janvier 1998, avec une publicité tonitruante.

hier ce livre ; il m'a semblé que je l'avais écrit dans une existence *antérieure*, en tout cas mon *moi* actuel ne s'en reconnaît pas l'auteur. On voit à quel point le problème de la responsabilité est inextricable[61]. » Probablement faudrait-il solliciter ici un quatrième partenaire, à savoir le philosophe – ou le poète. Eschyle fait dire à Oreste, dans *Les Euménides* : « J'ai usé ma souillure au fil des chemins que j'ai parcourus[62]... »

Mais, quant à savoir s'il convient de prendre en compte l'écoulement du temps, la question ne ressortit pas à la compétence du tribunal. C'est l'affaire du législateur qui a choisi de ne pas appliquer le grand principe de la prescriptibilité des crimes et des délits – rejoignant Jeremy Bentham qui, à la fin du XVIIIe siècle, voyait dans le bénéfice de la prescription « le triomphe de la scélératesse sur l'innocence, car le spectacle d'un criminel jouissant en paix de son crime, protégé par les lois qu'il a violées, est un objet de douleur pour les gens de bien, une insulte publique à la morale[63] ».

Dès lors, le tribunal n'a pas à assumer le problème de la cohérence et de la permanence des êtres dans la durée. Il lui revient de juger l'acte comme s'il était contemporain et son auteur comme s'il avait toujours l'âge qui était le sien quand il l'a accompli. C'est un difficile effort intellectuel et psychologique. Le juge a

61. Cioran, *Cahiers, 1957-1972*, Paris, Gallimard, 1997, p. 694 (28 février 1969).
62. Cité par François Bédarida, *Touvier, le dossier de l'instruction*, Paris, Le Seuil, 1996, p. 30.
63. Cité par Jean-Marc Théolleyre, *Le Monde*, 17 mars 1994.

besoin de l'historien pour l'accomplir. Une fois les faits établis, le temps écoulé ne doit pas changer l'interprétation que celui-ci propose de la portée de tel ou tel geste, puisque son travail s'attache au contraire à retrouver la fraîcheur intacte du moment de l'événement qu'il s'agit de considérer. Son devoir professionnel l'y conduit. Sa familiarité avec un paysage collectif disparu l'y aide. Son métier l'y habitue.

Ainsi, au service de la nécessité judiciaire d'incriminer ou d'acquitter au nom du peuple, une conjonction se crée. Convergence fragile cependant, car on assigne au juge de ne se mêler jamais que d'individus, tandis que l'historien est curieux de tous les mouvements collectifs et s'efforce de les éclairer.

5

Il n'est pas de responsabilité collective

On l'a entendu répéter, à l'automne 1997, jusqu'à satiété : le procès de Maurice Papon allait offrir la dernière occasion (puisque la France avait été privée de celui de René Bousquet, assassiné) de mettre en jugement, à travers lui, le régime de Vichy et sa haute administration. Or beaucoup d'historiens – parmi ceux qui me sont familiers, en tout cas – réagirent contre cela avec une vivacité qu'animaient à la fois leur conception de la Justice et leur expérience professionnelle.

Que la presse ait tendu à faire penser que l'on jugeait Vichy à Bordeaux est assez naturel. Elle sait bien, en particulier dans l'audiovisuel, qu'elle a peine à transmettre des propos généraux s'ils ne s'incarnent pas dans des figures individuelles. Serge Klarsfeld l'a observé pertinemment : « Le propre du biais judiciaire est de personnaliser. Cela est beaucoup plus efficace que de se promener avec des livres ou des documents historiquement irréfutables (ce que l'on fait parallèlement) qui n'ont qu'un nombre limité de lecteurs. Cette personnalisation est le meilleur moyen pour faire passer auprès des médias et du grand public les événements dont les personnages ciblés ont été les acteurs ou les responsables[64] ». Au service d'un « combat de mémoire », on voit bien la nature du procédé.

En définitive, il revient au citoyen de décider s'il peut agréer la notion de responsabilité collective pour la France ou pour tel ou tel groupe humain et d'autre part admettre qu'un acteur unique puisse l'assumer seul, en en concentrant sur lui-même la charge symbolique.

Ce débat n'est ni judiciaire ni historiographique. Il est politique.

La France et « l'irréparable »

On en dispute depuis longtemps. Le dialogue engagé en différé entre François Mitterrand et son successeur Jacques Chirac a rendu la controverse plus aiguë. Le premier avait toujours refusé le principe d'une responsabilité collective de la France et de la République dans les crimes de Vichy. Le second l'a proclamé au contraire solennellement dans son fameux discours du 16 juillet 1995 qui lui a valu l'approbation d'une majorité de l'opinion et où il disait, à propos des rafles du Vel' d'Hiv' : « La France, ce jour-là, accomplissait l'irréparable [...] Il y a, c'est indiscutable, une faute collective. »

---

64. Débat cité avec Henry Rousso, *Esprit*, mai 1992.

Je ne traiterai pas ici longuement de cette grande affaire, qui a déjà fait couler beaucoup d'encre. Je me refuse tout à fait pour ma part, comme je l'ai marqué aussitôt [65], à rejoindre cette dernière position, qui est d'ailleurs en rupture avec la doctrine du général de Gaulle. Du moment que Pétain et les siens, dès la création de l'État français, le 11 juillet 1940 et, en tout cas, en promulguant le Statut des Juifs au mois d'octobre suivant, ont trahi – et avec quelle violence ! – les principes fondateurs de la démocratie française, ils se sont placés en rupture avec la République qui, sous l'emprise de la débâcle, avait remis les pleins pouvoirs au Maréchal, comme à un Cincinnatus rassurant. Ils n'ont plus été qu'un groupe d'hommes prompts à saisir l'occasion d'imposer au pays, sous la botte de l'ennemi, leurs obsessions et leurs égoïsmes. Ils n'étaient pas la France.

Je n'exonère pas pour autant de leur responsabilité les Français pris comme individus, compte tenu de la diversité des situations que l'époque leur faisait et du degré inégal de liberté qu'elles leur laissaient d'agir et de réagir. Je ne me désintéresse pas non plus (dès lors qu'il ne s'agit pas de justice à rendre mais d'opinion à se faire) des attitudes collectives des groupes, des corps constitués, des institutions, des Églises. Mais je me

65. Sur France-Inter, 16 juillet 1995 ; sur France-Culture, dans le cadre des Rencontres de Pétrarque enregistrées le même jour à Montpellier (cf. *Le Monde* du 20 juillet). Et plus tard dans le cadre du Forum du Mans (Thomas Ferenczi éd., *De quoi sommes-nous responsables ?*, Paris, Le Monde éditions, 1997, p. 281-282).

réjouis qu'un sondage de novembre 1994 ait relevé que parmi mille personnes interrogées sur la question de savoir si la France d'aujourd'hui devait « se sentir coupable de ce qu'a fait le régime de Vichy », 29 % seulement aient répondu oui, et 57 % non[66].

Repentances

A cet égard, le statut de la déclaration de « repentance » du catholicisme français mérite qu'on s'y arrête un instant. L'importance de ce texte dépasse la question même de Vichy par sa réflexion sur un antijudaïsme pluriséculaire qui y est dénoncé, c'est-à-dire surmonté. Que le propos soit nourri des travaux des historiens qui ont mis au jour les comportements désormais dénoncés par l'Église, c'est une évidence. Mais il vient d'ailleurs, et il renvoie à une analyse morale et théologique. Il émane d'une religion dont l'essence implique qu'elle est plus que la somme de ceux qui, de génération en génération, s'y reconnaissent. Il concerne l'Église instituée, sa hiérarchie plus encore que ses fidèles. Par là je comprends son caractère collectif.

J'ai été plus dubitatif, et c'est peu dire, devant l'initiative – par contagion ? – de fonctionnaires exprimant à

66. Sondage Sofrès/*Figaro Magazine* des 23 et 24 novembre 1994, cité par Olivier Duhamel, « Vichy expurgé par l'opinion », *in Le Droit antisémite de Vichy*, *Le Genre humain*, n°s 30-31, Paris, Le Seuil, 1996, p. 306.

leur tour le repentir de la police française (comme l'a fait le 7 octobre 1997, au mémorial du Martyr juif inconnu, le secrétaire général du Syndicat national des policiers en tenue, André Lenfant). Car, enfin, voilà un corps qui a connu en son sein les comportements les plus divers, avec une frange de reîtres barbares, une autre de vrais héros, et, entre deux, avec bien des variations dans le temps, toute la gamme allant de l'obéissance sourde à l'humanité de gestes individuels, obscurs et courageux. La police n'est pas une réalité ontologique, une entité métaphysique : je n'aperçois pas à quel titre les fonctionnaires qui leur succèdent aujourd'hui auraient vocation à parler pour eux.

L'historien compromis ?

Mais il faut revenir à l'historien. Car on peut craindre que sa démarche ordinaire ne le mette en porte à faux, par rapport à cette philosophie d'ensemble.

D'abord, on se rassure : il a forcément le goût du particulier. « Aimez ce que jamais on ne verra deux fois »... Jean-Baptiste Duroselle, à l'époque où je suivais ses cours à la Sorbonne, au début des années soixante, nous citait régulièrement ce vers de Vigny. Et comme lui nous savons bien que l'unique est notre pâture.

Oui, mais l'unique n'est pas l'incomparable. Notre métier nous apprend aussi à considérer dans chaque événement, dans chaque personnage spécifique, ce qu'il peut nous dire sur ce qui l'entoure et le dépasse.

« Qu'est-ce que tout cela qui n'est pas éternel ? » Duroselle adjoignait volontiers, pour contraste, cette seconde citation à la première [67].

La curiosité scientifique de l'historien le porte vers des considérations et des analyses qui dépassent les itinéraires individuels et s'attachent aux ensembles humains, aux groupes, aux partis, aux entreprises, aux classes sociales, à l'humanité même. Certes, il ne néglige pas le genre biographique qui a connu depuis deux ou trois décennies une faveur remarquée : mais, par-delà les couleurs vives des itinéraires personnels, c'est une réflexion sur la dialectique complexe du particulier et du général qui assure dans ce champ les réussites les plus éprouvées.

La contradiction remonte au temps des Lumières. Prononçant à Iéna, en 1789, sa célèbre leçon : « Qu'est-ce que l'Histoire universelle ? », Schiller expliquait que l'Histoire, ayant désormais pour objet l'humanité tout entière, en était venue à « substituer insensiblement l'espèce à l'individu » – propos que toute sa génération pouvait faire sien à travers l'Europe. Cela au moment même où, du côté des prétoires, s'affirmait un autre principe : au nom d'un droit de l'Homme primordial, devant un tribunal démocratique il ne peut y avoir de responsabilité que personnelle.

Aussi l'historien, lorsqu'il se trouve mêlé au processus de la Justice, sent-il stimulée son inquiétude de la

---

67. Montaigne écrivait exactement : « Mais qu'est-ce qui est véritablement ? Ce qui est éternel… » (*Essais*, II, XII).

tension qui s'y crée entre l'individuel et le collectif – celle-là même qui anime le quotidien de sa recherche. Car il risque de paraître à cet égard en antagonisme avec le juge républicain et d'être au bout du compte complice d'une idée perverse : que Maurice Papon, par exemple, parlant pour des dizaines d'autres, non seulement informerait sur eux (et pourquoi pas ?) mais aussi qu'il pourrait payer pour les méfaits de tous. Ce qui contrevient, évidemment, à la lignée de 1789 et au rejet de toute notion de responsabilité collective. L'historien se souvient (c'est son métier…) qu'il fut utile, en France, en juin 1971, de rappeler cette filiation quand, Georges Pompidou étant à l'Élysée, le ministre de l'Intérieur Raymond Marcellin fit voter, dans l'atmosphère d'après Mai 68, la célèbre loi « anti-casseurs » : elle décidait qu'on pourrait condamner un manifestant appréhendé dans un groupe dont un autre membre aurait commis des exactions contre des biens ou des personnes. La mémoire des combats anciens et le respect des principes fondateurs de la République nourrirent alors les protestations contre un texte qui était en rupture manifeste avec les conquêtes antérieures et marquait un recul préoccupant dans le domaine des libertés publiques.

Oui, mais voilà à nouveau l'historien en plein malaise : si dans son cabinet il se livre à ces généralisations qui le heurtent tant d'autre part, ne risque-t-il pas de renforcer les partisans avoués de la responsabilité collective, et ceux, plus discrets, du principe du bouc émissaire ? C'est ce qu'il convient d'éclaircir.

Sortir du piège

Avant tout propos concernant le collectif, l'historien fait forcément (lui-même ou par le truchement de ses prédécesseurs) le détour de l'homme singulier, de l'événement spécifique. Dans un deuxième temps seulement il en arrive à la globalité. Mais à ce point il a laissé le juge à bonne distance et il n'est plus question alors d'émettre un verdict en noir et blanc.

Si l'on entendait en effet qu'une décision de Justice dût affecter, au moins moralement, tout un corps collectif, l'historien serait conduit à refuser cela non seulement pour des raisons civiques qu'il pourrait, après tout, ne pas faire siennes, mais pour des raisons méthodologiques. Ce serait le résultat d'un évident abus de représentativité. Selon quelle étrange extrapolation considérerions-nous que les traits de comportement d'un individu pourraient être d'un seul élan attribués à tout un milieu ? Comment ce procédé intellectuel dispenserait-il de l'enquête approfondie qui pourrait seule justifier et valider des conclusions générales ?

Aussi bien, quelque sombres que soient celles de Marc Olivier Baruch (l'un des historiens venus à Bordeaux) dans sa thèse consacrée à la haute administration sous Vichy, ce n'est pas un procès qu'il conduit, mais une enquête rigoureuse qui laisse ouverte en définitive, même après les considérations générales et sévères de la conclusion, la leçon morale que peut en tirer le lecteur citoyen[68].

Lorsque François Bloch-Lainé et Claude Gruson dialoguent aujourd'hui sur les inspecteurs des Finances entre 1940 et 1944, leur témoignage et leur réflexion constituent une source utile pour l'historien à qui il revient de la passer au crible de sa pratique ordinaire, en prenant en compte la spécificité de leur trajet et l'effet de distance qui peut colorer rétrospectivement leur regard[69]. Après quoi il s'efforcera, à partir de ce document et de bien d'autres[70], de restituer ce que fut ce milieu particulier dans l'épreuve.

Distinguer avant de généraliser, telle est bien la règle ordinaire. Au besoin contre les témoins les plus notoires et les plus prompts à se porter aux conclusions. Quand, par exemple, Olivier Guichard explique à la barre du tribunal de Bordeaux qu'il faut se souvenir que les trois premiers ministres de De Gaulle ont été fonctionnaires sous Vichy, on doit protester contre une assimilation expéditive qui enferme dans le même sac un maître des requêtes au Conseil d'État qui organise dans la clandestinité la mise en place des commissaires de la République à la Libération, un professeur de lycée et le directeur des Finances extérieures et des Changes du

68. Marc Olivier Baruch, *Servir l'État français. L'administration en France de 1940 à 1944*, Paris, Fayard, 1997.

69. François Bloch-Lainé et Claude Gruson, *Hauts Fonctionnaires sous l'Occupation*, Paris, Odile Jacob, 1996.

70. Par exemple l'admirable récit d'André Postel-Vinay, compagnon de la Libération et lui aussi inspecteur des Finances, *Un fou s'évade. Souvenirs de 1940-42*, Paris, Éd. du Félin, coll. « Résistance, Liberté, Mémoire », 1997.

gouvernement du Maréchal jusqu'au début de 1943. Un maître d'autrefois, Augustin Thierry, écrivait dans ses *Lettres sur l'histoire de France*, en 1827 : « Le grand précepte qu'il faut donner aux historiens, c'est de distinguer au lieu de confondre ; car à moins d'être varié, l'on n'est point vrai. »

Ensuite, mais ensuite seulement, après ce détour indispensable à toute intelligibilité du passé, l'historien reviendra aux regroupements qui sont l'aboutissement naturel et nécessaire de sa démarche. Mais à ce point il sera loin du prétoire, et ne risquera pas de l'encourager à déviance.

6

Du scandale et du dévoilement

En face des pouvoirs politiques, économiques et financiers, anxieux de protéger leurs mystères – pour des motifs honorables ou honteux –, juges, journalistes et historiens paraissent d'abord unis sur un front commun, puisqu'il leur revient de faire émerger le vrai et puisque le temps qui passe n'évente pas forcément les secrets. Il en est, en famille, d'inexpugnables, comme on le sait. Les nations ont aussi les leurs, moins faciles à préserver, compte tenu du nombre des parties prenantes, mais néanmoins solides, souvent.

Donc il importe de rechercher ce que chacun des trois acteurs apporte de procédés spécifiques, d'énergie atavique et de restriction occasionnelle dans l'effort de dévoilement des réalités historiques cachées. Ce ne peut pas être sans un détour du côté des relations ambiguës que la presse et la justice entretiennent quant au bruit et quant au silence. Car ces relations concernent aussi les enquêtes sur le passé historique.

Les tribunaux et la presse : connivences et conflits

Pour étendre, depuis deux décennies, leurs pouvoirs d'investigation, les magistrats ont trouvé dans les médias un soutien précieux. En fournissant aux journaux des informations que la confidentialité de l'instruction aurait dissimulées naguère, les juges ont cherché par leur truchement le soutien de l'opinion publique. Les photocopieuses ont ronronné. Et cette alliance nouvelle a servi, dans l'ensemble, un progrès.

Néanmoins, cette complicité a vite atteint ses limites, car les juges se sont estimés légitimés à faire seuls le départ entre le publiable et le tu. Pour éviter l'étouffement des affaires dites sensibles, vivent les fuites ! Mais l'efficacité de l'instruction exige une confidentialité momentanée de la démarche et des pistes que suit l'enquête judiciaire, faute de quoi les preuves risquent de s'évaporer. D'où une tension entre les deux professions qui est désormais intrinsèque à leur vie quotidienne.

Entre elles, le jeu des rôles est parfois brouillé. En a témoigné l'arrêt rendu par la Cour de cassation à l'encontre du *Canard enchaîné*, condamné pour avoir publié la feuille de salaire du président-directeur général des automobiles PSA, Jacques Calvet. Décision surprenante, en vérité, à la fois juridiquement, moralement et politiquement. D'un point de vue juridique, on s'est étonné de cette définition du délit de recel alors que le vol ne paraissait pas prouvé. D'un point de vue logique, on s'est senti gêné de voir les juges si sévères à l'égard de fuites concernant l'administration fiscale alors que leur propre univers était si poreux. L'appareil judiciaire serait mieux habilité à défendre ceux des secrets qui sont indispensables si lui-même était irréprochable à cet égard. D'un point de vue politique enfin, on pouvait juger normal à notre époque, et une avancée de la démocratie sociale, que le personnel d'une grande entreprise ait connaissance non certes de l'ensemble des revenus de son patron, mais de son salaire qui ne ressortit pas à la seule vie privée.

C'est d'ailleurs pour contribuer à rétablir entre le juge et le journaliste un équilibre qui, entre secret et publicité, semblait parfois menacé qu'a été introduite en 1992 dans le Code de procédure pénale une clause de protection des sources. Désormais, un journaliste n'est plus tenu de dévoiler celles-ci dans le prétoire et de dénoncer un informateur. Cette clause exorbitante du droit commun a paru à l'époque dangereuse à certains, mais je l'ai crue, en la proposant au Parlement, propre à éviter que les gens de presse fussent trop dans la main des juges, dont il leur revient de commenter et au besoin de critiquer les décisions.

Pour éclairer ce problème, rien de mieux que de réfléchir au rôle du magistrat et du journaliste devant le scandale de la corruption en politique. L'historien fournira le recul qui remet à leur place des indignations trop expéditives et resitue des jugements rendus, d'une époque à l'autre, avec une ardeur fort inégale

Tartuffe le disait : « Le scandale du monde est ce qui

fait l'offense, / Et ce n'est pas pécher que pécher en silence. » Si l'observation est moralement choquante, elle est politiquement exacte. Un méfait qui demeure inconnu échappe par définition à l'analyse autant qu'au blâme. Le scandale est inquiétant pour ce qu'il révèle mais rassurant par sa capacité à faire émerger les délits.

Les trois variables de la probité publique

Le niveau de la probité dans les affaires publiques se définit, pour chaque époque, à la rencontre de trois variables : l'ampleur des tentations, le seuil d'indignation, la capacité d'investigation. Ce qu'éclaire la chronique du XIXe siècle français – assez lointain pour faciliter un regard dépassionné, assez proche pour que la comparaison avec notre temps soit instructive.

L'historien est d'abord frappé par la très inégale ampleur des tentations, d'une époque à l'autre. La monarchie de Juillet et le Second Empire voient s'élargir les domaines où les décisions politiques et administratives deviennent de grande conséquence pour des intérêts privés. Auparavant, c'étaient surtout les munitionnaires et autres fournisseurs des armées qui pouvaient toucher ou offrir les gains les plus louches. Désormais, l'essor des exploitations minières, des chemins de fer et des canaux fait naître des occasions nouvelles de prévarication – expropriations, concessions, spéculations sur les terrains – et de haut profit pour corrupteurs et corrompus.

On sait semblablement le rôle de la gestion des eaux par la ville de Grenoble – domaine où les choix publics concernent de gros intérêts capitalistes – dans la condamnation et l'incarcération de son maire Alain Carignon, ancien ministre des deux gouvernements de cohabitation de la droite. Il est frappant que deux des rares ministres qui furent jetés en prison pour corruption au cours du siècle précédant le nôtre aient détenu le portefeuille des Travaux publics : Jean-Baptiste Teste à la fin de la monarchie de Juillet et Charles Baïhaut, député de la Haute-Saône, sous la Troisième République, en 1893, dans les remous du scandale de Panama [71].

Victor Hugo, pair de France à l'époque du procès dit Teste-Cubières de 1847 et, par là, juge à la Haute Cour, a laissé une chronique saisissante de l'événement. Teste était alors président de chambre à la Cour de cassation et membre de la Chambre des pairs. En 1842, à l'initiative du général Cubières, ancien soldat de Waterloo, ancien ministre de la Guerre dans le cabinet Thiers de 1840, influent dans une société d'exploitation de charbon, il avait accepté un important paquet d'actions de celle-ci en échange de la concession d'un gisement de sel. La chose fut connue et punie.

Charles Baïhaut, ministre en 1886, accepta d'un fondé de pouvoir au Crédit lyonnais de toucher 375 000 francs pour déposer un projet autorisant la Compagnie du canal de Panama à émettre un emprunt à lots destiné à la ren-

71. Cf. Association française pour l'histoire de la Justice, Paris, *Les Ministres devant la Justice*, Arles-Paris, Actes Sud, 1997 (notamment Jean Garrigues, « Charles Baïhaut, le bouc émissaire de Panama », p. 137-158).

flouer. Seul parmi les parlementaires soupçonnés à être passé aux aveux, il fut condamné à cinq ans de prison par la cour d'assises de la Seine.

Toujours il faut un délai, lorsqu'un champ nouveau s'offre au dynamisme capitaliste et à l'ébriété du profit facile, pour que le droit rattrape le fait. Tandis que le journaliste subodore et murmure, le juge est toujours en retard sur l'escroc, quand celui-ci prospère dans un champ neuf. Il en est allé ainsi pour la spéculation immobilière du début des années soixante-dix, et, plus récemment, pour la loi Defferre de décentralisation.

Un deuxième paramètre est constitué par le seuil d'indignation. Il a varié grandement au cours des temps. Sous l'Ancien Régime, il apparaissait presque normal aux contemporains, et en tout cas inévitable, que les titulaires des plus hautes charges publiques, de Sully à Richelieu, de Mazarin à Colbert, mélangent sans vergogne les intérêts de l'État et les leurs propres. Il fallut la Révolution pour qu'à la suite de Montesquieu la vertu (au premier chef financière) fût posée comme fondement de la démocratie. Robespierre l'avait affirmée contre ses vainqueurs de Thermidor, les Barras et les Tallien – qu'il est de bon ton de célébrer aujourd'hui et qui étaient pourtant de fieffés gredins. La presse, un bref instant sans entrave, put bien faire alors ses choux gras des prévarications découvertes ou supposées, mais elle était trop éruptive et les juges étaient trop incertains pour que la protestation ne se perdît pas dans les sables. Peu de concussionnaires furent débusqués et condamnés par les tribunaux.

Sous la monarchie de Juillet encore, l'opinion reflétée dans les journaux ne s'émeut guère plus que la Justice des « délits d'initiés » qui sont de pratique courante, au sommet de l'État. Dans *Lucien Leuwen*, Stendhal décrit la façon dont son héros, fils d'un banquier influent, est recruté au cabinet du ministre de l'Intérieur pour aider celui-ci à jouer en Bourse sur les nouvelles qu'il connaît avant le public.

Cela dura. Voici quelques décennies encore, à en croire des témoignages autorisés, il apparaissait naturel aux cadres supérieurs des principales banques de la place de regrouper de l'argent dans un fonds commun qu'on faisait fructifier à partir des informations recueillies au fil des activités de la maison ; et l'on donnait volontiers à celui qui partait à la retraite un « tuyau » ultime destiné à améliorer l'ordinaire de ses vieux jours. Il semble bien, quoi qu'on dise souvent, qu'on ait, depuis lors, progressé dans la rigueur collective.

La troisième variable est constituée par la capacité d'investigation. Au XIXe siècle, les juges méritent souvent la vindicte de Victor Hugo : « Prêts devant qui les paie, à fléchir le genou, / Jetant au cabanon quiconque vole un sou, / Mais souriants devant un trône qu'on dérobe… » Ils ont pour la plupart partie liée avec les puissants et ils sont prêts, sur ordre, à détourner pudiquement le regard. Là encore les choses ont changé.

Quant à la presse, longtemps réprimée, elle utilise de façon ambiguë, sous la Troisième, la liberté quasi absolue qui lui est offerte en juillet 1881 : ardente à traquer les sujets de scandale, mais prompte aussi à en forger d'imaginaires pour servir ses partis pris, au risque d'affaiblir les indignations, et prête à se laisser stipendier pour mentir ou pour se taire.

Elle s'est depuis lors amendée et son efficacité s'est accrue. Elle n'est pas quitte pour autant de ses responsabilités envers l'innocence. Thiers disait à un ami, vers la fin du Second Empire : « J'aime mieux être gouverné par d'honnêtes gens qu'on traite comme des voleurs que par des voleurs qu'on traite en honnêtes gens [72]. » Pourtant, c'est au risque de détourner les meilleurs des affaires publiques. Le mot est à confronter avec celui d'un autre homme politique, Strafford, le conseiller de Charles Ier (qui finit décapité comme son maître, mais huit ans avant lui, en 1641...) : « Si vous livrez [les ministres] à des accusations minutieuses, si vous morcelez ainsi leur conduite pour la peser grain à grain, le fardeau deviendra insupportable, les affaires publiques demeureront abandonnées et nul homme ayant quelque chose à perdre ne voudra se placer au gouvernail de l'État [73]. »

La portée des « scoops » historiques

Si l'on rapproche ces trois variables, on comprend que notre époque soit propre à soutenir le développement d'un journalisme d'investigation armé pour ramener beaucoup de prises dans ses filets. Cette évolution

72. Cité par Georges Weill, *Le Journal. Origines, évolution et rôle de la presse périodique*, Paris, La Renaissance du livre, 1934, p. 416.
73. Cité par Lally-Tollendal dans un discours du 24 décembre 1817 (*in Archives parlementaires*, 2e série, t. 17, p. 678) et repris par Jean-Jacques Clère, *in Les Ministres devant la Justice*, *op. cit.*, p. 109.

concerne directement la recherche historique. Il s'agit de mieux appréhender ce que la presse peut apporter aujourd'hui d'original dans les recherches sur le passé – que ce soit ou non en concurrence avec la Justice. Le bilan est contrasté.

Mettons à part les hommes et femmes de médias qui se font historiens[74]. Viennent à l'esprit les noms d'un bon nombre de journalistes qui ont gagné aux yeux de l'histoire universitaire leurs lettres de noblesse et assimilé les règles du métier. C'est un fait assez récent. L'« histoire immédiate », pour reprendre l'expression lancée par Jean Lacouture dans les années soixante, a contribué à former ce qu'on appellerait volontiers une école si l'individualisme des uns et des autres ne répugnait pas à se laisser étiqueter. La collaboration d'Éric Conan, journaliste à *L'Express*, et d'Henry Rousso, directeur de l'Institut d'histoire du temps présent, dans la rédaction de leur livre sur la trace actuelle de Vichy que j'ai déjà cité, est à cet égard significative.

Mais ce qu'il s'agit surtout de considérer est le cas où un journaliste applique son énergie et son savoir-faire professionnel à dénicher dans les archives ou dans les mémoires des acteurs un événement de portée historique pour en faire part à ses lecteurs ou à ses auditeurs.

---

74. Cf. Jean-Pierre Rioux, « Histoire et journalisme, remarques sur une rencontre », *in* Marc Martin éd., *Histoire et Médias. Journalisme et journalistes français 1950-1990*, Paris, Albin Michel, 1991, p. 192-205.

Un exemple est celui de ce remarquable enquêteur que fut Jacques Derogy. C'est lui, qui, le 5 juin 1972, par un article retentissant de *L'Express*, où il était « grand reporter », fit sortir l'ex-milicien Touvier en pleine lumière, révélant la grâce que le président Georges Pompidou lui avait accordée discrètement le 23 novembre précédent. Ce jour-là, Jacques Derogy rendit service à la fois à la Justice et à l'Histoire.

Le détail de l'épisode est instructif[75]. D'abord par l'importance qu'y prennent les hasards de la chronologie : la recherche conduite par un historien peu sensible aux rythmes courts de l'actualité en aurait moins dépendu. L'émergence sous les yeux de l'opinion publique, en février 1972, de Klaus Barbie, le tortionnaire allemand débusqué en Bolivie sous le nom d'Altmann, est l'élément déclencheur, à la fois parce qu'elle survient à très proche distance du décret présidentiel en faveur de Touvier et parce qu'elle attire l'attention sur le Lyon des années noires de l'Occupation. Barbie apparaît au journal télévisé du 8 février, interviewé par Ladislas de Hoyos, envoyé spécial en Amérique latine[76], et certaines de ses victimes réagissent en duplex à l'écran.

D'où naissent une réaction vive dans certains milieux résistants, et dans un public plus large une indignation d'abord vague et dispersée qui finit par se cristalliser. Jacques Derogy raconte lui-même, dans son article du

---

75. Cf. René Rémond *et al.*, *Touvier et l'Église*, Paris, Fayard, 1992, p. 275-280.

76. Ladislas de Hoyos, *Barbie*, Paris, Laffont, 1984, p. 107 *sq.*

5 juin, comment il a été mis en mouvement : « "Barbie, au moins, c'était un Allemand. Touvier, lui, est français." Un ancien résistant me dit son indignation. Il vient d'apprendre que le chef milicien Touvier, condamné à mort par contumace après la Libération, a été autorisé, par grâce présidentielle, à retourner sur les lieux de ses crimes et à retrouver ses biens – produits de ses rapines qui alimentèrent le trésor de la Milice [77]. »

L'épisode renseigne sur un autre aspect de l'intervention de la presse en une telle circonstance. Tout informé et précis qu'il est, l'article de Derogy laisse dans l'ombre, forcément, une quantité de questions, en particulier quant aux années de « cavale » de Touvier et à la genèse de la décision de Georges Pompidou. Les articles qui paraissent à intervalles irréguliers pendant les longues années qui séparent juin 1972 de l'arrestation du chef milicien, en mai 1989, informent sur les indignations publiques, sur l'interminable procédure judiciaire en cours, sur les espoirs de capture, mais ils n'approfondissent pas la question des crimes de Touvier ni des protections qui l'ont entouré depuis la Libération : et ce n'est pas, à vrai dire, leur vocation.

On assiste alors à un passage de témoin de la presse à l'Histoire et à la Justice – avec une quasi-simultanéité de l'effort de ces deux dernières. Le 10 juin 1989, le cardinal Decourtray, archevêque de Lyon, demande à René Rémond de constituer une commission qui sera composée de huit membres et chargée de déterminer le

77. Cité par René Rémond, *op. cit.*, p. 277.

rôle de l'Église catholique dans cette « sombre histoire ». Son labeur, fondé sur l'examen d'une grande quantité d'archives jusque-là inaccessibles et sur près de 80 témoignages, aboutit au rapport qui est remis le 6 janvier 1992 et qui dénoue la plupart des fils d'une étrange complicité : celle de divers réseaux ecclésiastiques. Durant la même période, le juge Jean-Pierre Getti relance l'instruction sur les années criminelles de Touvier avec une ardeur renouvelée. Il accumule le vaste ensemble de documentation et de preuves qui aboutira au procès de mars 1994 et à la condamnation du milicien.

Ce relais des médias par les magistrats et par les historiens marque un partage logique des rôles. Ce que les premiers avaient su tirer d'une conjoncture de la sensibilité publique pour lancer le mouvement vers un progrès de la connaissance est en quelque sorte, une fois son énergie propre dépensée, transmis ensuite à ceux qui travailleront différemment mais dont le travail sera finalement un hommage à l'« inventeur » (au sens archéologique du terme) de ce dossier. Un dossier si important à la fois pour la connaissance de la trace de Vichy et pour l'exercice de la Justice.

Dérives médiatiques

Il existe aussi des périls dans ce transfert vers un temps reculé des pratiques du « journalisme d'investigation » et de l'obsession du « scoop ».

La première tentation du journaliste pour se valoriser, lui-même et sa vaillance, est de laisser entendre qu'il pénètre dans un champ jusque-là négligé par paresse ou par pusillanimité. On finit par être exaspéré de retrouver sans cesse, de feuille en feuille, de titre en titre, à propos des années trente et de Vichy, l'affirmation qu'on s'en saisit enfin, que des sujets sont restés tabous, des archives dissimulées, des personnalités protégées [78]. Alors que depuis une vingtaine d'années, en particulier dans la foulée des Jean-Pierre Azéma, François Bédarida, Philippe Burrin, Pierre Laborie et tant d'autres, les chercheurs se sont portés en grand nombre vers des dossiers désormais accessibles (à l'exception de quelques cas qui apparaissent d'autant plus scandaleux qu'ils sont rares). Au point même qu'il nous arrive de devoir rappeler à nos étudiants qu'il existe beaucoup d'autres périodes dignes d'intérêt que celle de l'Occupation. Henry Rousso et Éric Conan le disent bien : « Même si cela chagrine certains combattants tardifs de la mémoire, il faut admettre que cette période est aujourd'hui tout sauf taboue : elle requiert moins une entreprise de dévoilement qu'une mise en perspective et une hiérarchisation de la masse d'informations jetées en pâture à l'opinion [79]. »

La hâte journalistique à conclure entraîne vers de graves défauts de méthode qui nuisent à resituer les

78. Cf. Gérard Noiriel, *Sur la « crise » de l'histoire*, Paris, Belin, 1996, p. 206.

79. Éric Conan et Henry Rousso, *op. cit.*, p. 36.

faits. Plus que l'historien, le journaliste tend à subir les dangereuses tentations du *scoop* rétrospectif.

Les archives de la police et des services secrets leur offrent leur vénéneuse séduction. Tout acteur public qui peut y accéder par hasard comme à un reflet de ses activités est frappé, je puis en témoigner, par le fatras de rumeurs et de sottises qu'elles contiennent, encombrant quelques informations intéressantes dispersées çà ou là. Pourtant, trop de plumitifs en quête de révélations sensationnelles en font leur pâture sans discernement.

D'où de fréquents dérapages. Pour valoriser une trouvaille, réelle ou illusoire, on exagère la représentativité du fait exhumé. Pour en augmenter la portée, on affirme qu'il témoigne pour des turpitudes que leurs auteurs ont eu le pouvoir pervers de dissimuler, l'absence de preuve étant finalement considérée plus démonstrative que la preuve elle-même. Pour dénoncer plus sûrement les coupables, on pratique l'amalgame. Pour mettre en exergue son propre courage, on multiplie les insinuations avec ce discours implicite : « Comprenez-moi entre les lignes, la méchanceté de mes adversaires m'empêche seule, pour l'heure, d'en dire plus… »

Cette dérive se manifeste surtout lorsque le journaliste soi-disant historien se fait redresseur de torts et, par là, sort de son domaine. Il se donne la belle figure du justicier à retardement, mais sans aucune des garanties que peut offrir une procédure contradictoire.

Un concentré de ces dévergondages intellectuels a été fourni en 1994 par les élucubrations d'un Thierry

Wolton cherchant à faire de Jean Moulin un homme de Moscou. On sait que de toutes parts a été démontrée – par Daniel Cordier, François Bédarida, Pierre Vidal-Naquet, etc. – l'inanité de cette thèse que n'ont guère prise en considération dans les journaux, parmi les historiens reconnus, que les seuls Annie Kriegel et (hélas !) François Furet.

Il est d'autres exemples, tel ce livre d'un Canadien, James Bacque, prétendant en 1989 que les Américains et les Français avaient délibérément laissé mourir de faim en 1944-1945 des milliers de prisonniers de guerre allemands. Bien que sa thèse ait été anéantie outre-Rhin et outre-Atlantique, et que *Libération*, après enquête, lui ait rivé son clou, il se trouva d'autres médias pour accueillir avec intérêt, sinon avec faveur, la traduction de l'ouvrage en français, quelques mois plus tard. Malheureusement, il arrive qu'au deuxième degré d'autres gens de presse viennent élargir inconsidérément l'écho de tels factums, soit pour attirer le chaland en faisant choc, soit au nom d'une prétention à un valeureux non-conformisme.

Et c'est alors, au bout de tels excès, que resurgit le magistrat, quand les diffamés ou leurs descendants le sollicitent pour répliquer.

7

Vérités, diffamations, contre-attaques

Il est loisible à tous ceux qui souhaitent se défendre, eux-mêmes ou leurs proches, de choisir entre deux terrains : judiciaire ou scientifique.

Dès qu'il s'agit d'appréciation morale, de qualifications ou d'insinuations s'appuyant sur une documentation dont le traitement ou l'interprétation sont discutés, les choses sont compliquées, en raison de la difficulté pour un juge de juger un historien ou prétendu tel. Le fils de Charles Hernu, l'ancien ministre de la Défense de François Mitterrand mis en cause après sa mort pour ses possibles relations avec les services secrets de l'Est, a pris le parti (tout en publiant, journaliste, un livre de réfutation) de saisir les tribunaux et on en attend la suite avec intérêt.

Jouvenel contre Sternhell

Le procès qui a opposé Bertrand de Jouvenel à l'historien israélien Zeev Sternhell en octobre 1983 est topique. Dans *Ni droite ni gauche, l'idéologie française*, paru cette année-là au Seuil, Sternhell présente Jouvenel comme l'un des théoriciens du fascisme à la française, et le taxe de sympathies coupables envers l'Allemagne nazie quand, avant la guerre, il appartenait au PPF de Doriot (il aurait accompli « un patient travail de sape ») et durant les premiers temps de l'Occupation et de la collaboration, à Paris.

Jouvenel lui-même s'était exprimé à diverses reprises sur les regrets qu'il pouvait éprouver de son comportement dans ces années-là : « Il vient un moment dans la vie, pour certains caractères, où l'on pèse si lourd à soi-même qu'on avouerait des crimes que l'on n'a pas commis, par manière de se décharger de péchés qui ne relèvent d'aucun tribunal. Je ne parvenais pas à vaincre mon désordre intérieur, le travail continuel de ma conscience malade. La source de mon désordre résidait en moi, dans le sentiment que j'éprouvais de n'avoir pas été le héros, ou du moins l'homme lucide et ferme que j'aurais toujours désiré être[80]... »

« Des péchés qui ne relèvent d'aucun tribunal »... Trois ans plus tard, ils furent pourtant portés au prétoire. Bertrand de Jouvenel ne supporta pas le regard que Zeev Sternhell avait jeté sur lui – dans un livre qui fut considéré, il est vrai, à l'époque, par une critique abondante, à Paris, comme ayant forcé le trait dans le sens le plus sombre[81].

---

80. Bertrand de Jouvenel, *Un voyageur dans le siècle*, Paris, Laffont, 1980, p. 465. Cf. Jean-Noël Jeanneney, *Le Monde*, 8 mai 1980 (p. 1 et 12).
81. Cf. Michel Winock, « Fascisme à la française ou fascisme introu-

Le procès se déroula en octobre 1983 devant la 17e chambre du tribunal de grande instance de Paris[82]. Zeev Sternhell fit témoigner un grand nombre d'historiens : les Français Maurice Agulhon, Jean-Pierre Azéma, François Furet, Raoul Girardet, René Rémond, l'Allemand Ernst Nolte, l'Anglais Hugh Trevor-Roper, les Américains George Mosse, Stanley Payne et Eugen Weber. Tout en prenant souvent leurs distances avec les thèses du livre quant à « l'imprégnation fasciste » en France, la plupart regrettèrent que des tribunaux eussent à trancher sur la qualité d'une recherche accomplie avec conscience. Plusieurs marquèrent que l'Histoire n'étant pas une science exacte, la définition d'un concept aussi difficile à manier que celui de fascisme peut et doit donner matière à débat, mais pas à procès. Voyez la réaction de Jean-Pierre Azéma : « Lisons Sternhell comme il convient : une analyse des enjeux politico-idéologiques des années trente, en soulignant bien que son ouvrage est centré avant tout sur l'histoire des idées. Et appelons un chat un chat sans nous laisser impressionner par une protestation exprimée en 1983 et non en 1936 ou en 1937[83]. »

En face, Jouvenel appela à témoigner un bon nombre de personnalités, dont Alfred Sauvy, Vassily Léontieff,

---

vable ? », *Le Débat*, n° 25, mai 1983, p. 35-44, Serge Berstein, « La France des années 30 allergique au fascisme », *Vingtième siècle, revue d'histoire*, n° 2, avril 1984, p. 83-94, et Jacques Julliard, « Sur un fascisme imaginaire, *Annales*, juill.-août 1984, p. 849-861.

82. Voir Pierre Assouline, « Enquête sur un historien condamné pour diffamation », *L'Histoire*, n° 68, juin 1984, p. 98-101.

83. Cité par Pierre Assouline, *ibid.*, p. 100.

Milton Fridmann, et même Henry Kissinger, qui, manifestant tous une grande considération pour son œuvre de penseur politique – ultérieure aux événements –, dirent l'idée flatteuse qu'ils se faisaient de l'homme et estimèrent inadmissible qu'on le taxât de fascisme ou d'antisémitisme. Un seul historien professionnel, John Braun, de l'université de Waterloo, au Canada, fut appelé de ce côté, exprimant un avis de fond : « La conclusion que j'ai tirée d'une étude sérieuse de la vie de Jouvenel est qu'il n'a pas été fasciste dans les années 30 mais plutôt un jeune homme impressionnable, cherchant les idées nouvelles et les recherchant partout. » C'était reprocher en somme à Sternhell d'avoir accordé à certains des textes ou des réactions de Jouvenel une portée démesurée par rapport à l'ensemble de ses positions à l'époque.

Raymond Aron aussi répondit à l'appel[84] (et le fait qu'il mourut au sortir du Palais de justice donna à son témoignage une coloration dramatique). Aron n'était pas historien au sens propre, assurément, mais sa personnalité et ses travaux sur la philosophie de l'Histoire donnèrent à son propos un éclat particulier. Après avoir dit de Jouvenel : « Je l'admire, je le respecte et il est pour moi l'un des deux ou trois premiers penseurs politiques de sa génération », il déclara : « Ne pas avoir perçu immédiatement ce qu'était Hitler, ce n'est pas un grief raisonnable, encore moins une raison de condamnation. Le livre [de Sternhell] est le plus complètement

84. Il avait réagi déjà dans *L'Express*, 4-10 février 1983.

a-historique qui se puisse concevoir. L'auteur ne remet jamais les choses dans le contexte des événements. Il donne du fascisme une définition tellement vague, tellement imprécise que l'on peut y rattacher n'importe quoi. Il perd de vue que l'idée de national-socialisme était, dans les années trente, un thème qui courait dans toute l'Europe. C'est vrai que nous, les hommes de notre génération, nous étions désespérés de la faiblesse des démocraties. Alors, à partir de cela, nous avons tous rêvé à quelque chose. Mais il est inadmissible que cela conduise à diffamer des gens qui devraient être respectés, même dans leurs erreurs[85]. »

Le jugement rendu à l'issue des débats mérite l'intérêt. D'abord pour cette observation : « Il ne saurait être contesté que cet historien israélien poursuivait un but légitime dans sa recherche des causes de la guerre et de l'anéantissement d'une partie du peuple juif. » Cela est doublement curieux. Sternhell ne marque nullement qu'il ait eu cette intention dans son livre et on ne comprend pas en quoi sa nationalité devait influencer le regard de la Justice sur ses écrits, qu'elle aurait dû considérer en soi.

Les attendus mettent clairement à part les analyses que fait l'auteur des textes publiés par Jouvenel à l'époque concernée, en estimant par exemple qu'il se situait « au confluent planiste et technocratique du fascisme » (p. 34), ou même qu'il avait « basculé dans le fascisme » (p. 133). Il était loisible à Sternhell, dit le tri-

85. *Le Monde*, 19 octobre 1983, cité par Éric Roussel, préface à Bertrand de Jouvenel, *Itinéraire (1928-1976)*, Paris, Plon, 1993, p. 12.

bunal, de les commenter et de porter sur eux un jugement. Comme d'ordinaire, les magistrats s'attachent à trancher non pas sur le fond mais sur le sérieux de la méthode – c'est un domaine, nous l'avons vu, où ils se sentent confortables : ils estiment que Sternhell doit être crédité de l'ampleur de son travail, de la précision de ses références et de son appareil critique. Donc, ici, absous !

En revanche, ils le condamnent à un franc symbolique et à une amende de 1 500 francs (ainsi que son éditeur) pour des imputations diffamatoires. Il a eu tort d'écrire (p. 295-296) qu'après la débâcle Jouvenel « avait pratiqué une forme d'attentisme qui, tout en n'étant pas de la collaboration ouverte, [lui] permet[tait] de ne pas risquer un engagement hâtif » et aussi de signifier (p. 134) qu'il « n'avait échappé à la sanction [...] qu'il pouvait mériter que par une fuite à l'étranger[86] ». Il est clair que les juges font une distinction entre les idées et les actes – mais, comme s'ils n'étaient pas tout à fait sûrs de la validité concrète de cette distinction, ils courent à nouveau se réfugier dans une argumentation touchant la pratique du métier d'historien : l'auteur aurait dû questionner (hommage à l'histoire orale !) les témoins survivants et Bertrand de Jouvenel lui-même.

86. Cette dernière formule est extraite du jugement. Sternhell avait écrit : « Luchaire sera condamné à mort pour faits de collaboration et exécuté à Paris alors que Bertrand de Jouvenel, après avoir mis sa plume et sa renommée au service de Jacques Doriot, terminera la guerre en Suisse. »

Commissions d'historiens et parades scientifiques

L'issue des procès se trouve toujours d'autant plus incertaine que les juges s'éloignent davantage de leurs bases. Et c'est pourquoi d'autres héritiers ont choisi une voie différente en suscitant des « commissions » d'historiens qui, hors de toute responsabilité officielle, acceptent de se saisir d'un sujet et d'y consacrer leur compétence et leur autorité [87].

On est ici dans la ligne de la commission Rémond sur Touvier. L'idée est qu'un combat qui ne serait que judiciaire est généralement insuffisant, trop défensif et doublement aléatoire : quant au hasard de ce qui apparaît et par conséquent qu'on réfute et aussi quant au verdict. Il faut y adjoindre, à côté de l'effort défensif, une offensive intellectuelle.

Révélateur est le cas de la bataille menée par Gilles de La Rocque au long de plusieurs décennies pour modifier l'image de son père, le colonel de La Rocque, dans l'historiographie des années trente.

La gauche ayant à l'époque désigné en face d'elle l'homme des Croix de feu et du PSF comme un adversaire majeur, elle l'avait, dans la chaleur des affronte-

87. Par exemple (pour réfuter les imputations de Thierry Wolton), Serge Berstein, Robert Frank, Sabine Jansen et Nicolas Werth, *Rapport de la Commission d'historiens constituée pour examiner la nature des relations de Pierre Cot avec les autorités soviétiques*, Paris, B et Cie, 1996.

ments, caricaturé jusqu'à en faire le leader d'un fascisme français. Que cette déformation fût en soi un fait historique est incontestable. Mais au premier degré l'étiquette était erronée, donc injurieuse pour qualifier un homme que, parmi les droites, distinguait sa fidélité à la tradition du christianisme social, qui ne songea pas à franchir le Rubicon et qui, sous Vichy, fut finalement déporté par les Allemands. Or, une bonne partie de la presse écrite, certains manuels scolaires et surtout les documentaires du cinéma et de la télévision ne cessaient pas, en dépit de toutes les nuances qu'apportait peu à peu la recherche universitaire, de répercuter la première image. C'était pour toute une famille une blessure jamais refermée.

Entre 1954 et 1995, Gilles de La Rocque, qui avait été lui-même journaliste dans la première partie de sa vie professionnelle, ne fit pas moins de 244 interventions au titre du droit de réponse auprès des journaux, dont 22 dans l'audiovisuel. Il intervint par exemple auprès des ayants droit de Frank Capra. Celui-ci, dans un célèbre film de propagande réalisé en 1943, et plusieurs fois rediffusé depuis lors (en août 1993 sur Ciné Cinéfil et en juin 1997 sur Planète), *Pourquoi nous combattons*, avait placé le colonel parmi les suppôts du nazisme allemand et du fascisme italien (en utilisant à charge un documentaire réalisé par le groupe américain Time Magazine autour d'un rassemblement des Croix de feu, à Chartres, en juin 1935).

Certes, Gilles de La Rocque ne dédaigna pas d'utiliser aussi l'outil judiciaire : il se porta en référé devant les tribunaux à six reprises de 1977 à 1995 aboutissant, sauf exception (fréquemment par accord amiable), soit à un droit de réponse soit à une modification du montage ou du commentaire. A telle enseigne que, dans la presse, la prudence des rédacteurs en chef, sinon toujours leur conviction, fit peu à peu progresser une image révisée du colonel de La Rocque. Mais sans que son fils pût jamais cesser son effort de Sisyphe et que ne réapparût toujours la caricature infatigablement pourfendue par lui [88].

Le plus intéressant en l'espèce est que, conscient des limites de l'action en justice, il chercha très tôt à agir par une autre voie, historiographique. Il s'efforça de susciter une biographie exhaustive. Une série de traverses fit que deux auteurs qui s'y étaient attelés n'aboutirent pas. Et c'est en 1996 seulement que parut le livre auquel Jacques Nobécourt avait travaillé pendant des années. Livre si riche, si chargé d'érudition et de références inédites que ses critiques n'ont peut-être pas tous lu d'un bout à l'autre les 1 196 pages au long desquelles l'auteur, avec probité, développe sa thèse et remet en cause les stéréotypes si longtemps perpétués.

Il faudra assurément du temps pour que, selon cette lente osmose par quoi d'ordinaire les livres importants pénètrent la littérature historique générale, l'image du colonel de La Rocque soit révisée et le rêve des siens

88. Je remercie Gilles de La Rocque de m'avoir communiqué le dossier de ses actions judiciaires. Cf., d'autre part, Jacques Nobécourt, *Le Colonel de La Rocque (1885-1946) ou les Pièges du nationalisme chrétien*, Paris, Fayard, 1996, notamment p. 297-299 et 953-954.

accompli. Ce cas montre qu'un effort continu dans les rédactions et dans les prétoires était voué, parce que marqué d'une inévitable dispersion, à peser finalement moins lourd qu'un travail de cabinet et d'archives exhaustif.

Prenons garde cependant que nous sommes ici sur un terrain glissant. Car il ne revient pas plus à l'historien qu'au journaliste de se faire justicier.

Terrain glissant : les Aubrac à *Libération*

Sont révélateurs les remous qui ont entouré, durant l'été 1997, la publication dans *Libération* du 9 juillet de l'intégralité de la séance où, le 17 mai 1997, divers historiens interrogèrent Lucie et Raymond Aubrac, à la suite du livre de Gérard Chauvy qui mettait gravement en cause [89] leur action dans la Résistance.

Reconnaître la dignité des témoignages oraux pour compléter les sources écrites, susciter ces « archives volontaires » qui viennent compléter l'information et nourrir ensuite l'effort de synthèse constitue un passage classique du travail de recherche, dont les précédents remontent à l'origine même de l'historiographie occidentale [90].

Voyez la préface de *La Guerre du Péloponnèse* de Thucydide : « Tant au sujet des faits dont j'ai été moi-

89. Gérard Chauvy, *Aubrac, Lyon, 1943*, Paris, Albin Michel, 1997.
90. Cf. Philippe Joutard, *Ces voix qui viennent du passé*, Paris, Hachette, 1983, p. 11 *sq*.

même témoin que pour ceux qui m'ont été rapportés par autrui, j'ai procédé chaque fois à des vérifications aussi scrupuleuses que possible. Ce ne fut pas un travail facile, car il se trouvait dans chaque cas que les témoins d'un même événement en donnaient des relations discordantes, variant selon les sympathies qu'ils éprouvaient pour l'un ou pour l'autre camp ou selon leur mémoire (I,21) ». Dans son *Siècle de Louis XIV*, Voltaire relève le prix qu'il a attaché à ce qu'il a entendu dire « à de vieux courtisans, valets, grands seigneurs et autres » et aux anecdotes que lui a confiées dans son grand âge le cardinal de Fleury. Et Michelet, dans son livre clé, *Le Peuple* (1846), théorise, contre les rigueurs étroites issues de l'érudition bénédictine, l'usage qu'il a fait d'enquêtes orales pour nourrir sa réflexion d'historien.

Donc il ne faut pas remettre en cause le principe de tels dialogues, de telles questions posées jusqu'à l'insistance. Serge July, directeur de *Libération*, l'a fort bien dit dans les termes suivants : « L'histoire contemporaine a ceci de particulier qu'elle est confrontée à de nombreux témoins encore vivants : des anciens, des “ex” ou de vieux salauds que l'on interroge froidement, sans concessions, mais aussi des foules d'anonymes et, naturellement, des personnages emblématiques, des héros pour lesquels le questionnement se révèle plus délicat. Tous les historiens qui ont participé à cette réunion ont éprouvé cette difficulté. Ce sont tous des spécialistes reconnus de la Résistance ; ils s'affirment tous convaincus de la vanité des accusations de trahison et en donnent acte d'emblée aux époux Aubrac. Mais ce qui les intéresse, parce que c'est le fondement de leur métier, c'est le croisement des sources, l'établissement des faits. Ils relèvent des contradictions et entendent en comprendre les raisons. Ce faisant, ils remuent le passé de façon obstinée. [...] Ils cherchent à établir des vérités qui, parfois, leur échappent comme elles échappent aussi aux époux Aubrac. [...] Deux écueils guettaient les historiens : celui du procès et celui du journalisme. Ils ont su éviter l'un et l'autre. Ce ne sont ni des justiciers appelés à juger les Aubrac, à délivrer un verdict à leur endroit, ni des journalistes enquêtant sur une affaire suspecte, impliquant des personnages connus[91]... »

Mais alors pourquoi tant d'émotion chez tant de bons esprits ? Si ce cahier spécial de *Libération* a été si mal reçu par beaucoup, et en ricochet a pu être si douloureux pour les Aubrac qui ont éprouvé cette séance comme « un interrogatoire de police au cours duquel les questions sont posées pour déséquilibrer[92] » (alors qu'eux-mêmes avaient souhaité cette confrontation publique sans probablement en prévoir les conséquences et peut-être pour éviter ce procès en diffamation contre Chauvy qu'ils ont intenté et qui s'est finalement déroulé en février 1998), c'est, me semble-t-il, parce qu'il était donné sous une forme brute à un vaste public mal informé des coutumes, des règles et des exigences de la profession historienne. Il est possible de surcroît que la perspective d'une publication

91. *Libération*, 9 juillet 1997, p. XXIV.
92. Raymond Aubrac, « Ce que cette table ronde m'a appris », *Libération*, 10 juillet 1997.

sous cette forme ait conféré aux questions posées, par un effet de groupe, et dans l'urgence du direct de ces six heures continues, une tonalité plus agressive que dans un cénacle feutré.

Dès lors, tout l'habillage dont les journalistes de *Libération* prirent soin d'entourer ce document ne suffit pas à éviter cette incompréhension et le sentiment, largement répandu (y compris chez plusieurs universitaires, qui s'en indignèrent), que l'initiative s'était dégradée en interrogatoire de police ou de justice. « Le climat, écrit après coup Maurice Agulhon, présent à la table ronde, est resté judiciaire à mesure que le temps passait [...] Climat pénible, vraiment, et bien peu productif. En y assistant j'avoue que je me sentais de moins en moins historien, et de plus en plus avocat[93]... » C'est bien ce mélange des genres qui, s'agissant de ces hautes figures d'un grand combat, fut insupportable à beaucoup.

Imaginez au contraire que ce document ait nourri un travail synthétique sur les questions abordées, imaginez qu'il ait été imprimé dans une revue ou un bulletin du CNRS, certes public, mais marqué du sceau particulier de la recherche scientifique, imaginez qu'il ait été donné en annexe d'une synthèse distanciée et rigoureuse, imaginez qu'alors seulement la presse, la radio et la télévision aient diffusé cet acquis, je gage qu'auraient été économisés le malaise des lecteurs, l'émotion des résistants et la douleur des intéressés.

---

93. *Libération*, 13 juillet 1997.

Par quoi s'affirme décidément l'importance que chacun, historien, juge ou journaliste, se tienne soigneusement à sa place et dans son rôle. Au demeurant, la complexité de leurs relations quant au mensonge débusqué et à la vérité exhumée ne concerne pas seulement le traitement fait par eux trois des dévergondages politiques et moraux du présent ou du passé, mais aussi la question des limites de la transparence en démocratie [94]. Car ils sont inégalement disposés à admettre qu'une société entièrement visible à tout instant par elle-même serait totalitaire.

---

94. J'ai développé ce point dans mon *Histoire des médias des origines à nos jours*, Paris, Le Seuil, 1996, p. 340-344.

8

La gestion publique de l'oubli

Le mystère de l'État

L'Ancien Régime avait théorisé sur le mystère de l'État. Déjà à l'époque de la Fronde, Omer Talon, magistrat qui avait été avocat général au Parlement de Paris, protestait contre le possible dévoilement de la puissance publique, affirmant que celle-ci *est* mystère et doit le rester. Que l'esprit démocratique dénonce ce principe procède de sa nature même. Mais il lui faut rappeler aussi que vouloir gouverner derrière une vitrine, sans qu'aucune latitude soit laissée à la délibération discrète, à l'échange d'idées esquissées, à l'élaboration paisible de longues stratégies, serait un projet déraisonnable et même absurde, qui conduirait à l'impuissance, donc finalement à l'écrasement des plus faibles que le pouvoir exécutif a vocation de défendre et de promouvoir.

Les réglementations élaborées dans toutes les démocraties sur le délai d'accès aux archives reflètent simplement cela. En France, la loi du 3 janvier 1979 stipule que ne sont communicables qu'après 150 ans les documents comportant des renseignements à caractère médical, après 120 ans les dossiers personnels (ceux-ci et ceux-là à compter de la date de naissance de l'intéressé), après 100 ans les dossiers juridictionnels, après 60 ans les dossiers touchant à la sûreté de l'État, après 30 ans tous les autres. Ces durées sont naturellement discutées et discutables. Mais qui pourrait en remettre en cause le principe ?

Ce n'est qu'un aspect d'une question plus large : il s'agit de déterminer les cas où la levée d'un secret menacerait l'État et la nation dans leurs intérêts vitaux.

Quelque gourmand que soit l'historien des révélations, par exemple, des anciens chefs des services secrets, comment ne s'indignerait-il pas, comme citoyen, de les voir si nombreux, après peu d'années, faire argent, en publiant des livres de « révélations », de secrets que leur devoir leur imposait d'emporter dans leur tombe ? Quelque intérêt qu'il éprouve – après une soigneuse critique de textes – à disposer de ce fameux *Verbatim* que Jacques Attali nous a livré promptement sur ses années auprès de François Mitterrand, comment ne s'affligerait-il pas, comme citoyen, de voir publié si tôt le texte d'entretiens confidentiels avec des chefs de gouvernement étrangers, quitte à rendre les prochains moins confiants, moins libres, donc moins productifs ? Il est vrai que si Helmut Kohl s'en est, paraît-il, légitimement irrité, le président de la République concerné n'a pas fait tomber la foudre sur son ancien collaborateur…

L'intérêt général contre la mémoire ?

Le rôle intellectuel d'enquête sur le passé se heurte d'autre part à l'éventuelle préoccupation des pouvoirs politiques de décréter l'oubli au profit de ce qui avait été d'abord jugé comme crime ou délit. L'amnistie n'est pas le pardon, qu'il n'appartient qu'aux victimes d'accorder ; elle n'est pas la grâce, qui exonère par miséricorde un individu de tout ou partie de l'exécution d'un châtiment infligé ; elle résulte de la volonté de ne plus tenir compte d'actes antérieurement châtiés et elle est l'affirmation, dans l'intérêt de la collectivité, de la nécessité de jeter un voile sur des déchirements civils antérieurs pour faciliter à l'avenir un meilleur « vivre-ensemble ».

Il s'agit que s'affirme la réconciliation. Rappelons-nous Sophocle : quand, à la fin d'*Antigone*, s'achève la nuit de toutes les haines entre les protagonistes, le chœur s'écrie : « Des combats d'aujourd'hui il faut installer l'oubli. » C'est dire au journaliste : « Abstiens-toi » et à l'historien : « Tais-toi. »

Nicole Loraux nous raconte comment, à Athènes, à la fin du Ve siècle, on organisa systématiquement ce silence. En 403, après la sanglante dictature des Trente et la défaite militaire d'Athènes, lorsque les démocrates revinrent dans la cité, ils proclamèrent la réconciliation générale et prirent un décret interdisant de « rappeler les malheurs » (*mé mnésikakeîn*). Ils firent prêter le serment à tous les Athéniens – les démocrates, les oligarques et ceux qu'on nommait « les gens tranquilles », qui « avaient vécu » sans s'engager pendant la période concernée – de ne jamais évoquer les déchirements récents de la patrie. La volonté de sceller le consensus démocratique s'appuyait ainsi sur le devoir de silence. Aristote affirme même que le modéré Archinos, revenu à Athènes avec les démocrates, fit condamner à mort un citoyen qui avait manqué à cette promesse et qu'après cet exemple éclatant personne ne s'y risqua plus. Isocrate – âgé de trente-trois ans en 403 – écrivait à ce propos : « Puisque nous nous sommes mutuellement donné des gages, nous nous gouvernons de façon aussi belle et aussi collective que si aucun malheur ne nous était arrivé. » Faisons, en somme, comme si de rien n'était[95].

Beaucoup plus tard, quand Paul Valéry, dans un texte fameux, dénonce en l'Histoire « le produit le plus dangereux que l'alchimie de l'intellect ait élaboré », c'est parce qu'elle « enivre les peuples, leur engendre de faux souvenirs, exagère leurs réflexes, entretient leurs vieilles plaies, les tourmente dans leur repos[96] »...

L'intervention de Maurice Druon au procès Papon est

---

95. Nicole Loraux, « De l'amnistie et de son contraire », *in Usages de l'Oubli*, colloque de Royaumont, Paris, Le Seuil, 1988, p. 23-47, et *La Cité divisée. L'oubli dans la mémoire d'Athènes*, Paris, Payot et Rivages, 1997.

96. Paul Valéry, *Regards sur le monde actuel*, *in Œuvres*, Paris, Gallimard, Bibliothèque de la Pléiade, 1960, p. 935.

intéressante à cet égard. Le coauteur du *Chant des partisans* y déplora hautement qu'il ait lieu. « A qui profite ce procès ? s'écria-t-il. A l'Allemagne et seulement à l'Allemagne ! Demain l'Allemagne aura repris sa revanche. C'est une puissance nombreuse, forte, lourde et sûre de soi. Il n'y a qu'une chose qui puisse empêcher l'Allemagne d'être reprise par ses démons impérialistes, c'est le souvenir des démons nazis. Si l'on se met à condamner un Français symbolique, il sera facile de dire : les Français aussi ont été moches. Il y aura une dissolution de culpabilité. Il y a une sorte de paradoxe à voir aujourd'hui les fils des victimes devenir les alliés objectifs des bourreaux[97]... »

Voilà bien un débat majeur, qui fait écho, en mineure et à l'envers, aux affrontements qui entourèrent jadis le cas du capitaine Dreyfus. Innocent peut-être, murmuraient alors certains, mais l'absoudre nuirait à l'État sous le regard avide de l'ennemi germanique. Coupable peut-être, Maurice Papon ? Eh bien ! l'intérêt supérieur de la patrie exigerait qu'on ne le punisse pas...

On aperçoit vers quelles extrémités d'opacité rétrospective on pourrait être ainsi conduit : le juge devrait à la fois s'abstenir de remuer la marmite d'un ancien passé et assumer la mission de fermer la bouche de l'historien, comme l'aurait fait jadis, à Athènes, Archinos.

97. Cité par *Le Monde*, 24 octobre 1997.

L'amnistie, entrave pour l'Histoire

L'amnistie justifie-t-elle la prétention des condamnés qu'aucun livre d'histoire, aucun article de presse ne mentionne plus un acte amnistié ? Dans bien des cas ce serait incompatible avec les nécessités d'un récit complet et intelligible de la période concernée.

La jurisprudence montre que la magistrature a généralement conçu de façon assez généreuse au profit de l'Histoire les exceptions faites au principe de silence absolu. Car les tribunaux ne peuvent méconnaître l'absurdité d'un principe qui, poussé jusqu'à ses extrémités, éclate vite aux yeux. Ils sont plus rigoureux envers la presse. Jean-Marie Le Pen a gagné plusieurs procès contre des journaux qui avaient évoqué ses actes – depuis lors amnistiés – pendant la guerre d'Algérie. Mais en revanche ils ont laissé rappeler la condamnation de Robert Hersant à la Libération.

On cite souvent le procès qui opposa dans les années soixante Jean Lousteau à Michèle Cotta. Celle-ci, dans un livre consacré à la collaboration, avait relaté le rôle de Lousteau à *Je suis partout* et comme Waffen SS en 1944. Le demandeur fut débouté de sa prétention à ne pas voir évoqués des faits amnistiés avec cet attendu décisif : « Si le rappel par un historien du comportement de personnes mêlées aux événements qu'il retrace ne pouvait être fait au motif que la condamnation finale que ce comportement a entraînée se trouverait amnistiée, toute étude historique sérieuse serait impossible[98]. »

Il serait à vrai dire difficile aux magistrats de recourir à l'« expertise » des historiens quand il leur revient de juger des actes anciens, tout en muselant simultanément leur expression au nom de silences imposés. Ils se réfugient donc volontiers, comme on l'a vu, dans une analyse du caractère plus ou moins scientifique des publications, ce qui ne fait d'ailleurs que leur créer un nouveau problème.

---

98. Cour de Paris, 3 novembre 1965, cité par Georges Kiejman, « L'Histoire devant ses juges », art. cité, p. 123. Cf. Michèle Cotta, *La Collaboration 1940-1944*, Paris, Armand Colin, coll. « Kiosque », 1963 (notamment p. 314).

9

Le mur du privé

Curiosité et voyeurisme

Quant au quotidien du citoyen, toute confusion entre vie publique et vie privée doit être insupportable. Il est donc heureux et nécessaire que le juge garantisse cette coupure. On sait que la législation française est à cet égard plus solide que celle des pays voisins, où la presse dite de caniveau prospère. Après les calomnies ignobles que sa femme et lui-même avaient subies à l'occasion de l'affaire Markovic, Georges Pompidou, à juste titre ulcéré, avait inspiré la loi du 17 juillet 1970, très protectrice. Elle a introduit dans le Code civil un nouvel article 9 ainsi rédigé : « Chacun a droit au respect de sa vie privée. Les juges peuvent, sans préjudice de la réparation du dommage subi, prescrire toutes mesures, telles que séquestres, saisies ou autres, propres à empêcher ou à faire cesser une atteinte à l'intimité de la vie privée ; ces mesures peuvent, s'il y a urgence, être ordonnées en référé. »

Au demeurant, ce souci était bien antérieur à la législation pompidolienne. Il est curieux de relever que l'indignation suscitée par la publication dans *Paris-Match* d'une photographie de François Mitterrand sur son lit de mort a eu un précédent. Le 16 juin 1858, le tribunal civil de la Seine condamna une dame O'Connell qui avait exposé et mis en vente dans un grand magasin un dessin représentant de la même façon la célèbre tragédienne Rachel après son décès. Il avait suivi le ministère public qui avait affirmé : « Quelque grande que soit une artiste, quelque historique que soit un grand homme, ils ont leur vie privée distincte de la vie publique, leur foyer domestique séparé de la scène et du forum ; ils peuvent vouloir mourir dans l'obscurité quand ils ont vécu, ou parce qu'ils ont vécu dans le triomphe… L'homme célèbre a le droit de mourir caché [99]… »

Voici que se creuse, à ce point de l'analyse, une nouvelle divergence entre les trois métiers que je considère dans ces pages. Ceux des journalistes (j'y inclus les photographes) qui transgressent la frontière n'osent guère se justifier en alléguant la curiosité malsaine de leur public et la vente de papier qu'ils en attendent. Donc ils avancent deux autres arguments.

Le premier se nourrit de l'éventuelle absence de cou-

99. Cité par Marie-Hélène Hurtaud, « La protection de la vie privée, note sur l'article 9 du Code civil », dans les études préparatoires pour le colloque des 28-29 mars 1996 de l'Association des archivistes français, 9, rue Montcalm, 75018 Paris (*Transparence et Secret : l'accès aux archives contemporaines*).

pure nette entre vie privée et vie publique chez les dirigeants. On évoque traditionnellement le cas de l'ambassadeur dans un pays de l'Est, au temps de la guerre froide, dont une maîtresse appartient au KGB. Mais ces situations où la frontière s'estompe sont rares et ne légitiment pas qu'on renonce à la dessiner et à la garantir ailleurs.

Le second argument, plus efficace à coup sûr, s'appuie sur la constatation qu'un certain nombre de personnalités du spectacle, de l'audiovisuel et de la politique s'accommodent fort bien de cette transgression parce qu'elles en escomptent un surcroît de notoriété et éventuellement de popularité et qu'elles sont donc mal venues de se plaindre des *paparazzi* de la photo ou de l'écrit. Albert du Roy a consacré un livre pessimiste à ce *Carnaval des hypocrites*[100]. Et pourtant cela ne dispense pas la presse de son devoir de respecter l'intimité de tous ceux qui se refusent à cet échange glauque de mauvais procédés. Il revient aux juges de tenir compte de ces éventuelles complicités dans leurs décisions et dans la fixation du montant d'éventuels dommages et intérêts. Aussi bien sont-ils d'autant plus sévères que la rigueur constante des personnalités dont il s'agit est mieux avérée.

Dans le même temps, il faut que les juges balaient devant leur porte – ce qu'ils ne font pas toujours. La présomption d'innocence est un principe sacré mais difficile à observer rigoureusement. La législation a été

100. Le Seuil, 1997.

récemment renforcée envers la presse. Cependant, la Justice ne répugne pas toujours à utiliser la publicité d'une mise en examen, du port de menottes, et éventuellement d'une incarcération utilisée comme un moyen de pression pour arracher des aveux. Plusieurs cas récents ont causé un malaise, car alors se recrée, dans une tonalité douteuse, une connivence avec la presse qu'on est porté à reprocher aux magistrats plus sévèrement qu'aux journalistes, ceux-ci n'étant que les porteurs d'écho de décisions prises ailleurs.

Le biographe et l'intimité

Dans ce jeu-là, quelle est donc la situation de l'historien ? Le délai écoulé entre son travail et le sujet qu'il traite change pour lui la donne, car le temps qui passe évente peu à peu les inconvénients de la mise au jour du privé. Je pense en particulier au biographe, qui, lorsqu'il a l'ambition de restituer un personnage tout entier, ne peut pas s'accommoder d'une censure, par exemple, sur les amours ou les comportements intimes de celui-ci – à condition, naturellement, d'être certain des faits mentionnés. Après un siècle, cette évocation ne peut plus guère heurter personne, sinon des descendants exceptionnellement susceptibles. Le petit-fils d'Oscar Wilde, Mervin Holland, décidant de reprendre son patronyme abandonné par les siens après le procès de l'écrivain pour homosexualité, rappelait le mot de celui-ci : « La seule différence entre le saint et le pécheur est que les saints ont un passé et les pécheurs un avenir[101]. »

Le problème subsiste dans l'intervalle, selon une chronologie approximative dont tient compte, dans tous les pays, la législation sur les archives. Nous avons vu déjà qu'en France elle prévoit un délai d'ouverture particulièrement long pour les dossiers sanitaires et pour les dossiers personnels. S'il revient aux tribunaux, de temps en temps, de répondre aux requêtes des familles irritées par des révélations sur leurs ancêtres, ils intègrent souvent la considération due à l'Histoire, mais pas toujours. Leur embarras est significatif d'une incertitude quant aux frontières légitimes.

Parfois, ils sont impitoyables : en 1970, le tribunal de grande instance de Paris décide que les héritiers d'un admirateur de Sarah Bernhardt sont légitimés à faire condamner un historien ayant affirmé que celui-ci aurait violé la tragédienne, près d'un siècle plus tôt[102].

En d'autres cas, l'attitude est contraire. En 1932, la cour d'appel de Paris rejette l'action d'un héritier de George Sand demandant au civil réparation du dommage moral que lui aurait causé un livre imputant à sa grand-mère « des mœurs singulières » et une succession d'amants dont dresser la liste était impossible[103]. En

101. Cité par Christian Colombani, *Le Monde*, 30 octobre 1997.

102. Tribunal de grande instance de Paris, 14 octobre 1970, cité par Jean-Denis Bredin, « Le Droit, le juge et l'historien », *Le Débat*, n° 32, novembre 1984, p. 98.

103. Cour de Paris, 15 janvier 1932, cité par Jean-Denis Bredin, *ibid.*, p. 105.

1994, un litige concernant une biographie de Saint-Exupéry eut un aboutissement similaire.

Les héritiers de celui-ci avaient intenté un procès à Emmanuel Chadeau, professeur d'histoire contemporaine à l'université de Lille, auteur de ce livre, en lui reprochant de « mettre en cause le patriotisme et le courage de l'écrivain » et affirmant que « le dénigrement résultant des atteintes portées à la mémoire de l'auteur disparu rejaillissa[it] sur ses ayants droit », et que cela était « constitutif de violations des obligations de l'historien ». Emmanuel Chadeau avait notamment évoqué l'éventualité que la mystérieuse disparition de l'auteur du *Petit Prince* au cours d'un vol vers l'Allemagne ait été un suicide déguisé.

Les demandeurs furent déboutés, par un jugement de la 1re chambre du tribunal de grande instance de Paris en date du 21 septembre 1994. « Attendu qu'Emmanuel Chadeau énonce, ainsi qu'il le précise d'ailleurs dans son ouvrage, une hypothèse "parmi les plus variées qui ont pu surgir" en raison "des circonstances mêmes de la disparition de l'écrivain demeurées mystérieuses", en édifiant sa proposition sur des lettres, au demeurant non contestées, laissées par le pilote, ainsi que sur son état de santé ; qu'en outre à la faveur de la riche documentation demeurée jusque-là pour partie inédite, dont témoigne l'abondante bibliographie référencée en fin d'ouvrage et que l'auteur a pleinement exploitée, celui-ci a procédé à une observation complète de l'écrivain disparu, mettant à jour, ainsi que le souligne quasi unanimement la presse littéraire, une "autre dimension" du personnage, illustrée par de nombreuses citations qui permettent au lecteur d'apprécier les multiples facettes de l'homme, ses contradictions, et ainsi de se forger son opinion ; attendu que dans ces circonstances, et sans arbitrer la vérité historique, [notez une fois de plus la précaution...] il n'est démontré aucun manquement du biographe aux obligations qui s'imposent normalement à lui ; attendu que de même, dans la biographie critiquée, l'auteur exerce, avec mesure, son droit de libre critique sur la tendance quasi générale à sublimer l'écrivain, le militaire, le moraliste dans les années qui ont suivi sa disparition[104]... »

« Saint-Ex » est mort en 1944. On n'est pas surpris de constater que plus le temps passe, plus la liberté s'accroît. Jean-Denis Bredin le dit parfaitement : « Le Droit moderne qui chérit la famille nucléaire se désintéresse des héritiers lointains. Veufs ou veuves, enfants, petits-enfants peuvent venir en justice réclamer le prix de leur honneur ou de leur peine, si l'on a maltraité leur parent. Au-delà il est douteux que l'héritier parvienne à intéresser le juge. [...] L'Histoire du XXe siècle oblige à se méfier du Droit. L'histoire de la Révolution est à peu près sans risque. Celle du Moyen Age ouvre des champs très tranquilles. Il vient un temps où les tombes

---

104. Je remercie Emmanuel Chadeau de m'avoir signalé cette décision de justice et de m'avoir communiqué le texte du jugement. A noter que l'auteur et son éditeur Plon ont été en revanche condamnés pour avoir procédé à une « divulgation illicite d'inédits » sur lesquels les héritiers avaient un droit non seulement patrimonial mais moral : ce point est à rapprocher du cas de Roger Gilbert-Lecomte dont il est question ci-après.

ne sont plus fleuries, où les morts semblent tout à fait morts. Alors le Droit laisse en paix l'historien[105]. »

L'affaire Gilbert-Lecomte

Un aspect particulier de la question concerne l'histoire littéraire. Le conflit se noue entre le droit patrimonial et le droit moral, entre la propriété matérielle d'écrits littéraires et l'intérêt que le public peut avoir à les connaître. Ce qu'illustre la destinée posthume du poète Roger Gilbert-Lecomte. Le procès de novembre 1968 qui la concerna fit date[106].

Gilbert-Lecomte fut le fondateur, très jeune – avec René Daumal et Roger Vailland, ses camarades du lycée de Reims –, du « Grand Jeu », un mouvement littéraire qui s'épanouit et eut quelque rayonnement, à proche distance du surréalisme, entre 1928 et 1931. Son œuvre, que borna prématurément sa mort survenue sous l'effet de la drogue au dernier jour de 1943, après une fin de vie de douleur et de misère, chemina par la suite dans l'estime et la fidélité de ses amis.

Lorsque ceux-ci, constitués en association, voulurent publier sa correspondance, ils se heurtèrent au refus de la personne investie par héritage indirect du droit d'y

105. Art. cité, p. 98.

106. Sur cette affaire, cf. Roland Dumas, *Plaidoyer pour Roger Gilbert-Lecomte* (avec la collaboration de Christine Piot), Paris, Gallimard, 1985, qui contient le texte du jugement du tribunal de grande instance de Reims en date du 9 janvier 1969, et ce qu'il en dit dans ses Mémoires, *Le Fil et la Pelote*, Paris, Plon, 1996, p. 197-198.

consentir. Gilbert-Lecomte avait institué son père comme son légataire universel, et celui-ci, avant de disparaître lui-même, avait à son tour désigné comme son héritière une « dame Urbain » (comme dit la Justice), qui était sa gouvernante. Or celle-ci rejeta toutes les demandes d'autorisation, au motif notamment que l'édition de ces textes, à ses yeux contraires aux bonnes mœurs, aurait discrédité le nom d'une famille – au demeurant complètement éteinte. André Malraux, ministre des Affaires culturelles, se joignit aux premiers demandeurs. Me Roland Dumas plaida pour eux tous et il obtint gain de cause par un jugement en date du 9 janvier 1969.

Toute la querelle se noua autour de l'interprétation à donner aux articles 19 et 20 de la loi du 11 mars 1957 sur le droit d'auteur, stipulant pour le premier qu'« après la mort [d'un écrivain] le droit de divulgation de ses œuvres posthumes est exercé leur vie durant par le ou les exécuteurs testamentaires désignés par [lui] » et pour le second qu'« en cas d'abus notoire dans l'usage ou le non-usage du droit de divulgation de la part des représentants de l'auteur décédé visés à l'article précédent, le tribunal civil peut prendre toute mesure appropriée »...

Le tribunal, tranchant contre le plaidoyer de Roland Dumas, admit que le droit de divulgation se transmettait selon toute la chaîne des héritiers, mais il ouvrit une brèche décisive dans le rempart de la jurisprudence en limitant les pouvoirs de l'ayant droit et en leur refusant un caractère d'absolu.

Pourquoi ? Dans un premier attendu, le juge explique : « Le droit moral qui est en jeu est uniquement celui de Roger Gilbert-Lecomte, dont dame Urbain n'est, en fait, que le dépositaire de la pensée. » Mais là n'est pas l'important pour nous : il ne s'agit que de défendre une volonté explicite de publication exprimée en son temps par l'auteur, contre l'attitude négative de l'héritier. Le second motif, en revanche, est de grande portée. Il se fonde notamment sur le fait de l'intervention du ministre Malraux montrant ainsi « l'estime qu'il apporte à l'œuvre [en question] et à l'intérêt qu'elle présente » et aussi sur cette déclaration de Louis Aragon : « L'absence de l'œuvre de Roger Gilbert-Lecomte constitue une impossibilité de se représenter l'histoire intellectuelle de notre pays, pour une période extrêmement importante de ce siècle, et fausse l'histoire littéraire en l'amputant d'un témoignage essentiel... » Ce qui veut dire qu'en l'absence même du premier motif il serait illégitime de maintenir ces textes sous le boisseau. Et c'est ainsi que le prétoire, cette fois-ci, a servi l'Histoire.

Conclusion

Fallait-il juger Papon ? A mesure que ce livre progressait, la question initiale s'est décidément subordonnée à une autre concernant les rôles respectifs de l'historien, du juge et du journaliste, et les conditions de leur efficacité, autonome ou convergente.

Or, pour un ultime éclairage, il est stimulant d'évoquer en comparaison un cas où l'échec civique d'une stratégie judiciaire dans le champ de l'Histoire fut patent : l'affaire des *Protocoles des Sages de Sion*, dans sa version suisse[107].

Les « *Protocoles...* » Un opuscule d'une soixantaine de pages dont nous savons aujourd'hui qu'il a été forgé

---

107. Je me fonde sur Norman Cohn, *Histoire d'un mythe, la « conspiration » juive et les Protocoles des Sages de Sion*, Paris, Gallimard, 1967, p. 214-229 ; Pierre-André Taguieff éd., *Les Protocoles des Sages de Sion. Introduction à l'étude des Protocoles. Un faux et ses usages dans le siècle*, Paris, Berg international, 1992, 2 vol. ; et surtout Catherine Nicault, « Le procès des *Protocoles des Sages de Sion*, une tentative de riposte juive à l'antisémitisme dans les années 30 », *Vingtième siècle, revue d'histoire*, n° 53, janv.-mars 1997, p. 68-84.

en France dans les dernières années du XIXe siècle par l'antenne parisienne de l'Okhrana, la police secrète du tsar. Ce factum était censé reproduire les propos tenus par les « Sages de Sion », membres d'un gouvernement caché des Juifs qui auraient cherché à imposer au monde entier leur domination par toutes sortes de menées horribles et d'épouvantables machinations. On y retrouve, concentrées, au service d'un antisémitisme radical, toutes les traditions anciennes de l'occultisme démoniaque et du fantasme d'un complot ourdi par les forces du mal.

Une première édition parut en Russie en 1903, suivie de plusieurs autres jusqu'en 1914, et le livre commença alors une carrière pestilentielle qui s'élargit après la révolution de 1917 lorsque des officiers des armées blanches vaincues le transportèrent en Occident. Au cours des années 1920, les contre-offensives de la presse juive mettant en évidence la falsification purent faire naître le sentiment que le péril était maîtrisé, au moins en France et dans les pays anglo-saxons. Mais déjà les nazis reproduisaient largement ce texte, dans l'Allemagne de Weimar, lui donnant un nouvel écho.

Après l'accession de Hitler au pouvoir en 1933, il devient impossible d'espérer que les Protocoles disparaîtront d'eux-mêmes en résultat de leur propre absurdité. La propagande antisémite du IIIe Reich au-dehors en use abondamment et le fait proliférer dans les pays limitrophes : en Autriche, en Tchécoslovaquie, aux Pays-Bas, en Belgique – et en Suisse.

Catherine Nicault montre pourquoi dans ce pays les Juifs, peu nombreux (ils ne sont qu'une vingtaine de mille), redoutent spécialement les effets de l'infamie. Leur émancipation ne remonte qu'à 1866. Plusieurs mouvements d'inspiration nationale-socialiste s'en prennent à eux. Leurs dirigeants et leur principal organisme représentatif, la SIG (Fédération des communautés israélites de Suisse), décident donc de lancer une contre-attaque.

Par quelle voie ? Certains pays, tels les Pays-Bas, édictent au même moment des législations qui répriment la propagande antisémite. Mais la Suisse, avec ses vingt-deux cantons, chacun souverain en ce domaine, se prête mal à un effort parlementaire. La SIG décide par conséquent d'attaquer sur le terrain judiciaire, dans la capitale fédérale, au printemps 1933. Dans le cours d'une manifestation du Front national, principal groupement pronazi, le 13 juin, on a vendu ouvertement des exemplaires récents des *Protocoles*. Une plainte est déposée pour infraction à la loi pénale bernoise de 1916 sur « les cinématographes et la littérature immorale ».

L'enjeu est important, pour les initiateurs de cette action et pour tous les démocrates qui soutiennent leur combat. L'issue judiciaire n'est pas l'essentiel. Mais plutôt la question de savoir si cette démarche aura contribué à faire reculer l'ignominie d'un tel mensonge historique.

Le verdict prononcé par le juge Walter Meyer, président du tribunal correctionnel V de Berne, le 14 mai 1935, condamne les deux principaux accusés (dont le responsable de la dernière édition des *Protocoles*) à des amendes de principe et aux dépens. La peine est modérée, mais, puisqu'il est dit dans les attendus que les *Protocoles* sont « un faux, un plagiat, une stupidité ridicule », les organisations juives de Suisse et d'ailleurs peuvent y voir une victoire assez claire. « J'espère, disait le juge, qu'il viendra un jour où personne ne comprendra plus comment, au cours de l'année 1935, une douzaine d'hommes mûrs et raisonnables ont pu, quinze jours durant, se torturer la cervelle devant un tribunal bernois au sujet de l'authenticité ou de l'inauthenticité des soi-disant "*Protocoles*", de ces "*Protocoles*" qui, en dépit de tout le mal qu'ils ont causé et qu'ils peuvent encore causer, ne sont qu'un ramassis d'absurdités[108]. »

Cependant, deux ans plus tard, en appel, le jugement est cassé. Il faut dire qu'entre-temps le pouvoir nazi s'est renforcé en Europe et que les autorités helvétiques sont portées à une prudence accrue. La Cour découvre que la loi pénale de 1916 ne concernerait que la seule pornographie. Et les accusés sont acquittés. Certes, on leur refuse avec cet attendu les indemnités qu'ils avaient eu le front de réclamer : « Quiconque propage des écrits calomnieux et outrageants de la pire grossièreté doit courir le risque d'être cité en justice et d'en supporter les conséquences. » Mais cela n'empêche pas la presse nazie de saluer à son de trompe cette conclusion judiciaire, comme (selon les termes d'une dépêche de l'ambassadeur de France à Berlin, André François-

108. Cité par Norman Cohn, *op. cit.*, p. 228.

Poncet) « une grande défaite politique et morale pour les Juifs[109] ».

Ces deux procès et les débats qui les entourèrent du côté des plaignants illustrent combien on peut redouter les effets inattendus d'une entreprise mue pourtant par les plus honorables soucis. Ils révèlent un danger central : que la machine judiciaire aboutisse à des décisions qui résultent moins d'une réalité historique éclairée dans l'arène du tribunal que des règles de procédure ou de logiques formelles extérieures au fond des choses. Et qu'ensuite l'opinion s'en trouve abusée et pervertie.

Les avocats des plaignants juifs ne furent pas inégaux à leur mission. Ils jouèrent à fond le jeu de l'enquête rétrospective et de la démonstration méthodique. Leur soutien, le professeur Baumgarten, juriste allemand exilé après 1933 à l'université de Bâle, se montra historien utile. C'est ainsi que les *Protocoles* étant présentés au début du procès par un prétendu expert allemand comme la sténographie de réunions secrètes qu'aurait tenues Theodor Herzl, fondateur du mouvement sioniste moderne en marge du Congrès de Bâle de 1897, les avocats firent défiler des témoins nombreux destinés à démontrer qu'une telle réunion n'avait pas pu exister.

On a constaté, pourtant, l'aboutissement. C'est en vain que le premier juge avait pu affirmer que les *Protocoles* constituaient un faux grossier et les seconds

109. Je dois cette citation comme les autres (sauf la précédente) à Catherine Nicault, art. cité.

y voir un texte « calomnieux et outrageant ». Une défense qui utilisa une voie oblique en arguant que la législation en vigueur ne concernait pas le cas n'en réussit pas moins à faire débouter les plaignants. De telle sorte que dans l'opinion publique intéressée, en Suisse et dans l'Europe démocratique, beaucoup de personnes, forcément, ne prirent en compte que l'acquittement final. Le message que les magistrats avaient souhaité adresser à leurs concitoyens s'en trouva brouillé, et l'effet qu'avaient recherché les initiateurs de l'action fut à peu près manqué, au moins dans ce court terme qui les obsédait légitimement.

Le formalisme du droit est conçu pour protéger l'innocence au risque de blanchir des coupables. Mais ses garanties peuvent être détournées par des avocats habiles. D'où des entraves, des occultations, des trébuchements. D'où des débats qui s'égarent dans des méandres de procédure, et qui peuvent fort bien s'enliser avant d'aboutir à une vérité éclairée par tous les documents ou témoignages accessibles. On voit, dans ces conditions, à quel point les conclusions peuvent claudiquer, alors que le grand public tendra à faire fond sur leur validité historique.

Il y a pis. A supposer même que le jugement eût satisfait aux aspirations civiques de l'historien soucieux de tordre le cou à des rumeurs ignobles irriguant des doctrines perverses, on n'en aurait pas été quitte pour autant. Car on doit affronter le risque que le seul fait d'agiter, dans un tumulte public, des affirmations mensongères et délétères, même condamnées au tribunal, leur confère une notoriété nouvelle et par là, peut-être, de nouveaux adeptes.

Les instigateurs des procès de Berne se posèrent d'un bout à l'autre la question. « Je n'ai pas pu, écrivait l'un d'eux, me défendre d'une idée saugrenue : à force de répéter ces histoires invraisemblables, à force de dénoncer des périls imaginaires, ne contamine-t-on pas [...] le gros du public[110] ? »

Saugrenue, une telle idée ? Certainement pas. Tous les sociologues étudiant les fausses nouvelles insistent sur le danger qu'on court de renforcer celles-ci en les démentant. On peut craindre que ne prospère toujours le dicton absurde : « Il n'y a pas de fumée sans feu. » Il est significatif que la SIG, demandant le soutien de l'Alliance israélite universelle, ne l'ait reçu qu'hésitant et mou. Depuis des décennies, celle-ci avait diffusé des conseils de discrétion dans la lutte contre l'antisémitisme. Lorsqu'en novembre 1931 une feuille antisémite genevoise publie un autre faux historique, un discours qu'Adolphe Crémieux aurait prononcé au moment de la création de l'Alliance en 1860, le secrétaire général de celle-ci, Jacques Bigart, se refuse à engager une action en justice en expliquant à des correspondants suisses : « Nous savons par expérience que ces sortes de procès n'ont d'autre résultat que d'augmenter le tirage du journal[111]. »

---

110. José Jehouda, « Face à l'antisémitisme mondial », article de *La Revue juive de Genève*, contemporain des procès et cité par Catherine Nicault, art. cité, p. 83.

111. Cité par Catherine Nicault, *ibid.*, p. 74.

Le fond des choses est ici la difficulté spécifique, en Histoire, à prouver qu'un fait n'a pas eu lieu, le contraire étant plus aisé. C'est ainsi que la rumeur prospère, s'enrichissant toujours d'un étrange sophisme : tous ceux qui ne veulent pas en démordre se convainquant que l'absence de trace, loin de prouver l'inexistence du fait – ou du forfait – témoigne en réalité pour la terrifiante efficacité de ses responsables présumés, assez puissants et assez habiles pour les avoir fait complètement disparaître…

La querelle est-elle donc réglée ? Les adversaires du procès de Maurice Papon convaincus que toute instance à vocation civique trébuche toujours et se perd en effets pervers s'en trouvent-ils justifiés ? Je ne le crois pas. Et il est même loisible de penser que sont éclairées ici, en négatif, quelques règles qui peuvent faire tourner les choses de meilleure façon, et servir à préciser la déontologie, en de telles circonstances, du juge, du journaliste et de l'historien.

Car si l'on y regarde de près, on se convainc que dans le combat judiciaire contre *Les Protocoles des Sages de Sion* les trois familles de protagonistes n'ont pas été à la hauteur de leur rôle.

Une presse infâme n'a pas été contrée par une rigueur des autres journaux, que l'air du temps a impressionnés. Une Justice pusillanime a cédé, en dernière analyse, à la pression de l'étranger et s'est réfugiée à l'ombre de règles de droit étroitement interprétées. Et faute qu'on l'encourage l'Histoire n'a pas trouvé les moyens de parler assez haut, dans le prétoire ou au-dehors. Tandis qu'alentour les citoyens attachés aux principes des Lumières n'ont pas su, pas voulu ou pas pu les contraindre tous trois à mieux honorer leurs devoirs, au regard des principes démocratiques.

Or, rien de tout cela n'était fatal et destiné à se répéter partout et toujours. Notre conjoncture est différente. Passons sur l'absence, aux portes du pays, de ce totalitarisme menaçant qui faussa les ressorts et dévia les courages. Considérons les effets finalement heureux de ce commerce plus intime qui s'est créé entre les trois acteurs. Notre époque incite chacun d'entre eux à déborder des limites qu'on lui assignait naguère ou qu'il se fixait à lui-même. Évolution ambivalente : nous en avons mesuré, au long de ces pages, les dangers mais aussi les avantages.

En France, au cours des dix ou quinze dernières années, les juges ont rompu avec une tradition de subordination au pouvoir politique qui les aurait rendus impuissants à combattre la corruption que l'ivresse marchande menaçait de répandre dans le corps social. Cette rupture est un phénomène irréversible, à vue humaine, et précieux pour la survie de la démocratie, même au prix de quelques inconvénients à court terme. Portés par leur juste fierté de cette dignité nouvelle, ils se montrent moins prudents quand les tentent des intrusions dans le champ de l'Histoire auquel ils abordaient jadis avec plus de précautions.

Les gens de presse aussi se sont découvert des satisfactions inédites. Le journalisme d'investigation qui s'est épanoui dans la même période leur apporte, devant une opinion qui les critique si durement, la fierté de contribuer à un retour de cette vertu civique qui paraissait en perdition. Mais, du coup, ils courent le danger d'oublier les austérités indispensables pour échapper à la commodité commerciale de salir l'innocence. Ils risquent de se faire indûment justiciers pour un passé dont la compréhension requiert une sensibilité à la différence des temps dont ils ne sont pas toujours suffisamment pourvus.

Quant aux historiens, ils sont pareillement soumis à la tentation du débordement. Cette fameuse « demande sociale » dont ils font parfois mine de gémir leur apporte des gratifications narcissiques qui peuvent, en les exaltant, leur faire oublier les bornes de leur métier, trancher de haut du bien et du mal, fouailler, dénoncer, condamner hors de propos. Quitte à faire douter le public de la rigueur et de la pondération de leur magistère.

Dans ces conditions, quelles perspectives dessiner ? La suite dépendra d'une double rigueur : le soin mis par chacun à préserver son originalité et sa disponibilité en direction des deux autres. Rester chez soi, mais fenêtres ouvertes… Car nos trois protagonistes ne doivent pas être conduits, par le souci de leur domaine propre, à quelque repli orgueilleux ou condescendant sur soi-même et leurs liens renforcés peuvent être féconds.

Le journaliste doit faire appel à l'Histoire, constamment. Il lui revient, contre l'anachronisme, de se constituer en intermédiaire des idées déformées qui flottent dans les esprits pour les confronter au savoir des historiens – tout en se donnant le droit (et même le devoir) de bousculer ceux-ci pour vérifier les fondements et la solidité de leurs affirmations. Ainsi est-il toujours sur une crête, entre la résistance aux idées reçues et le risque de les diffuser davantage. Pour ne pas tomber du mauvais côté, son besoin d'Histoire est flagrant. S'il ne le comprend pas, il le paiera cher, en termes de lucidité et de véracité.

A la deuxième pointe du triangle, l'historiographie. Celle de la première partie de ce siècle, influencée par la vulgate marxiste, avait négligé, au moins pour l'époque postrévolutionnaire, les juges et la Justice (sauf peut-être dans ce ghetto que constituait « l'histoire du droit »). Heureusement, la thèse étroite qui faisait du système judiciaire une « superstructure » négligeable a disparu. Et l'on voit se multiplier dans ce champ des recherches qui profitent à la compréhension de nos sociétés et de leurs équilibres politiques et sociaux : souhaitons que la réquisition adressée récemment aux historiens les incite à accélérer la marche dans cette direction.

Il est loisible d'espérer d'ailleurs que les travaux des historiens pousseront les magistrats à se préoccuper davantage de leur propre passé. J'ai assez critiqué, à partir des exemples qu'on a vus, certaines de leurs escapades dans une spécialité qui n'est pas la leur, pour n'être pas suspect de les en approuver. Mais c'est une autre chose de souhaiter qu'ils replacent leurs pratiques sous la lumière du long terme, au profit de leur sagacité, de leur rigueur et de leur humanité.

A ce point, tressons les fils. Pour faire prospérer une coopération efficace à partir de missions spécifiques, voici que resurgissent, rapprochant les trois rôles, les valeurs qu'il leur revient de servir de concert.

Gabriel Monod, le fondateur de la *Revue historique*, écrivait autrefois : « Sans se proposer d'autres buts, d'autres fins que le profit qu'en tire la vérité, l'Histoire travaille, d'une façon secrète et sûre, à la grandeur de la patrie en même temps qu'au progrès du genre humain[112]. »

Certains détecteront avec inquiétude dans la solennité d'un tel propos les risques d'une contradiction entre ces deux objectifs.

En termes politiques je ne les suivrai pas. L'opposition se résout dès lors que, comme ce combattant du dreyfusisme, on ne conçoit sa patrie grande qu'au service des valeurs universelles des Lumières, dès lors qu'on ne lui doit le silence sur aucune des éventuelles turpitudes accomplies par des individus en son nom, dès lors qu'il s'agit d'y combattre les complaisances et les mimétismes paresseux et aveugles.

Le problème est plus grave en termes méthodologiques. L'historien est investi à la fois d'un statut scientifique et d'une fonction sociale. D'où la nécessité pour lui de concilier responsabilité civique et rigueur épistémologique. Une nécessité qui s'aiguise encore quand il vient à la barre, avec de graves enjeux : tout se noue, finalement, quant à la justification profonde de son rôle, dans son aptitude à réaliser cette difficile combinaison.

---

112. Cité par Olivier Dumoulin, « Histoire et historiens de droite », *in* Jean-François Sirinelli (éd.), *Histoire des droites en France*, t. II, *Cultures*, Paris, Gallimard, 1992, p. 355.

Il travaille forcément (quand bien même il ne l'affirme guère, parce qu'il craindrait la grandiloquence) au confluent du bien et du vrai – tels qu'il se les dessine, à partir de son destin personnel et des lumières de son temps. Comment donc les accommoder ? Convoqué dans le prétoire, il est confronté brutalement à cette question qui lui est pourtant familière, à laquelle, par les temps qui courent, il réfléchit plus souvent que jadis[113]. De sa capacité à ne pas disjoindre ses devoirs de savant et de citoyen dépendront la force et la portée de son intervention.

Sa recherche et son enseignement se fraient, au quotidien, un chemin entre ces deux soucis. Il se résigne à ne pas prétendre à une science exacte, mais il se réjouit de servir une discipline. Il installe dans ses écrits et ses propos l'absolu de sa conviction, tout en sachant que cet absolu-là est subjectif. Ce qui ne l'empêche pas de l'assumer complètement.

Voyons le premier versant, celui de la vérité. La corporation historienne doit prendre garde de ne pas faire de concessions aux cyniques qui s'affichent comme réalistes ; à ceux qui dénoncent l'hypocrisie de savants s'affirmant impartiaux mais qui sont animés de partis pris dissimulés ; à ceux qui rappellent que les historiens ne sont pas retirés du monde, de ses passions et de ses réseaux ; à ceux qui proclament qu'on les catalogue

113. Cf. par exemple Antoine Prost, « Histoire, vérités, méthodes, des structures argumentatives de l'Histoire », *Le Débat*, n° 92, nov.-décembre 1996, p. 127-140.

trop aisément, sinon dans tel ou tel clan, ou du moins dans telle ou telle famille d'esprit, pour qu'ils puissent garantir qu'ils possèdent la sérénité nécessaire à la connaissance scientifique. Ils plieraient donc secrètement les faits au profit de leurs choix partisans.

Il est vrai que le défilé de ceux qui ont été convoqués au procès de Maurice Papon – comme à ceux, naguère, de Paul Touvier et de Klaus Barbie – a montré le défi qu'il leur faut affronter. Le simple fait que certains aient été appelés par la défense, et d'autres par les parties civiles, montre assez que des deux côtés on tâchait de les mobiliser au service d'une cause. Certains, comme René Rémond, secouèrent dès leurs premiers mots l'idée que le camp qui les citait pouvait en rien influencer leur opinion dans un sens ou dans l'autre. En dépit de quoi la juxtaposition des interventions de Robert Paxton et d'Henri Amouroux parut opposer symboliquement devant l'opinion deux écoles de pensée historique en face de Vichy : les rigoureux et les indulgents – non sans alimenter certaines tentations de doute universel.

La presse a relevé, à Bordeaux, le mot chagrin de Michel Bergès (défini par *Libération* comme « un politologue qui insiste pour se présenter comme historien »), lorsque, s'appuyant sur de nouvelles archives, il fut passé de ses sévérités antérieures envers Papon à une indulgence relative et que les parties civiles lui reprochèrent sa palinodie. Il s'écria : « L'Histoire, c'est très incertain ; c'est une science molle, je suis désolé [114]... »

114. Cité par Pascale Nivelle, *Libération*, 21 janvier 1998.

Or c'était là trop de renoncement, au service d'une justification gênée… Mais ce fut aussi un signal d'alarme. Pour que cette observation ne serve pas à promouvoir un scepticisme qui constituerait les historiens, derrière leur compétence exhibée, en serviteurs de tout et de son contraire, en somme de n'importe quoi, il leur faut afficher leur originalité sans tomber dans le pyrrhonisme.

La règle de base est simple : faire la part des faits avérés et des interprétations. L'application l'est moins, assurément. Mais elle n'est pas hors de portée.

Un érudit, Henri Jassemin, auteur d'une *Histoire de la Chambre des comptes parisienne au Moyen Age*, répliqua un jour à un compte rendu sévère où Lucien Febvre lui avait reproché de manquer d'idées : « Que de montagnes dialectiques seront nécessaires pour hisser, un jour, les esprits à cette notion qu'en histoire c'est le fait qui est la plante rare, rarissime, et si précieuse : quant aux "idées", elles pleuvent, elles fourmillent, elles dévorent la vérité qui s'efforçait de pousser ! Qui nous délivrera de ces sauterelles [115] ? » Febvre en fit des gorges chaudes. Ce propos défensif était en effet pire que ridicule : absurde. Ces « sauterelles »-là, comment s'en passer ?

N'allons pas trop loin pourtant. Une chose est d'admettre que les préoccupations préétablies de l'enquêteur contribuent à organiser son attention et sa curiosité (c'est évident), une autre de s'abandonner à un doute

115. *Annales d'histoire économique et sociale*, mars 1934, cité par Olivier Guyotjeannin, « L'érudition transfigurée », *in Passés recomposés*, Paris, Autrement, 1995, p. 153.

généralisé sur la possibilité d'aboutir à des vérités objectives. Cette tentation fleurit à intervalles réguliers, sinon chez les juges – qui s'en trouveraient tôt paralysés –, du moins parmi les historiens, quand ils jouent à se flageller, et dans la presse quand elle cherche à alléger sa responsabilité. C'est un pont-aux-ânes dans les écoles de journalistes d'expliquer que prétendre à l'objectivité serait tout ensemble une forfanterie et un leurre.

Ne confondons pas l'évidence que seules une hypothèse, une interprétation, une thématique mettant quelque ordre dans le chaos initial des événements peuvent leur donner un sens avec la faribole selon laquelle tout serait vrai – et son contraire.

Il est vrai que les historiens doivent faire sur eux-mêmes un effort constant pour se méfier de leurs opinions préconçues. Comme les journalistes avisés, comme les juges sages, ils doivent même se montrer spécialement méfiants envers les témoignages ou les documents qui appuient leur hypothèse de départ, tout en étant accueillants à ceux qui la prennent à rebrousse-poil. Cette attitude n'est pas seulement nécessaire, elle est aussi possible, heureusement.

Car, enfin, c'est bien une donnée « objective » : si la marquise est sortie de chez elle à cinq heures (pour reprendre une ironie célèbre de Valéry), cela peut être éventuellement démontré par des signes, par des traces. Qu'on s'intéresse à celle-ci et non pas au vicomte, voilà qui rappelle que tout est toujours dialogue entre une interrogation particulière et une réalité spécifique. Mais il n'empêche qu'elle n'est sortie ni à cinq heures moins cinq ni à cinq heures cinq. Et qu'à force de souligner qu'il n'est pas de réalité en soi hors de celui qui l'établit, on risque fort de devoir s'excuser de dénoncer le faux (qui existe !) et finalement de s'autoriser à écrire n'importe quoi.

Oui, il existe des faits, oui, il existe des démonstrations. Et l'attention légitime aux représentations – qui a fort enrichi notre discipline, l'histoire politique en particulier – ne doit pas nous faire renoncer au principe de réalité. Ce que résume Carlo Ginzburg quand il écrit : « Le métier des [historiens] et des [juges] se fonde sur la possibilité de prouver, en fonction de règles déterminées, que *x* a fait *y* ; *x* pouvant désigner le protagoniste, éventuellement anonyme, d'un événement historique ou le sujet impliqué dans une procédure pénale, et *y* une action quelconque[116]. » Affaire d'indices, affaire de preuves, affaire d'investigation. Et c'est pourquoi Marc Bloch, dans *L'Étrange Défaite*, observait, avec un sourire, que charger un historien du renseignement n'était pas un mauvais emploi en cas de guerre[117]...

Au demeurant, une fois qu'on a dit cela, il reste à échapper à un positivisme naïf – celui qu'on prête souvent, en les caricaturant, aux historiens de la fin du XIXe siècle. Il reste à prendre en compte les présupposés sous-jacents et inévitables des acteurs, en sachant que

116. Carlo Ginzburg, *op. cit.*, p. 109. Cf. aussi, du même, « Signes, traces, pistes, racines d'un paradigme de l'indice », *Le Débat*, n° 6, 1980, p. 3-44.
117. Marc Bloch, *L'Étrange Défaite*, Paris, Albin Michel, 1957, p. 26, cité par Antoine Prost, art. cité, p. 135.

mis au jour et revendiqués ils peuvent cesser d'être nocifs.

A cet égard d'ailleurs, l'historien est moins loin du juge qu'il n'y paraît. Puisqu'une loi ne s'applique pas mécaniquement, et qu'il existe toujours une marge d'interprétation, puisqu'il y a, pour la jurisprudence, du jeu dans la machine du côté de la règle autant que du cas particulier, la Justice doit veiller à tenir compte, dans son interprétation des textes, des circonstances dans lesquelles ceux-ci furent adoptés. Et par conséquent l'Histoire, qui renseigne sur ce climat d'une époque, est indispensable à la sagesse des tribunaux.

Les adversaires de la doctrine d'un droit naturel qui aurait vocation à l'éternité (la querelle parcourt le XVIIIe siècle), c'est-à-dire tous ceux qui défendent l'idée que chaque loi est fille de son temps, proclament la nécessité de cette coopération avec une chaleur particulière. C'est un thème qu'on trouve déjà développé dans la leçon inaugurale du premier titulaire de la chaire de droit et d'histoire de l'Académie de Lausanne. Prononcée en latin le 19 mars 1711, elle s'intitule *Oratio inauguralis de dignitate et utilitate juris ac historiarum et utriusque disciplinae amica conjuctione* (« Leçon inaugurale sur la dignité et utilité du droit et de l'histoire et sur l'amicale rencontre de l'une et l'autre discipline ») [118].

Nous sommes convaincus que les Lumières nous ont

118. Cf. Jean-François Poudret, « L'Histoire, laboratoire du juriste », *in L'Homme face à l'histoire*, cours général public de l'université de Lausanne 1982-1983, Lausanne, Payot, 1983, p. 105-122.

légué des principes qui fondent notre droit et notre organisation sociale et qui ont une vocation universelle ; cette conviction ne nous fait pas croire que ces principes sont de toujours et surtout ne nous dissimule pas que leur application concrète a varié et variera encore.

Aujourd'hui, il est des magistrats qui ont pleine conscience de cela, comme en témoigne le fait que voici. Les tribunaux voient affluer, depuis l'affaire Dutroux, les cas de pédophilie. Et certains juges éprouvent le besoin de les resituer dans la durée. Le président Magendie, du tribunal de grande instance de Créteil, a organisé récemment une réflexion avec les collègues qui l'entourent. Et il a sollicité l'intervention d'un médiéviste, Jacques Chiffoleau, qui travaille sur le procès du sinistre Gilles de Rais (le modèle, comme on sait, de Barbe-Bleue), et en prépare une édition scientifique. Ce chercheur réfléchit aux interprétations successives qui en ont été faites par les plus grands juristes, dans la suite des temps, et a pu ainsi rappeler à ces juges que la pédophilie, aussi, a une histoire. Il leur a apporté une information sur la parole des enfants, le système des aveux, l'instrumentalisation éventuelle de fantasmes tels qu'on les met au jour pour le Moyen Age et tels qu'ils peuvent renseigner sur des permanences dans les comportements et les modes de répression. Gageons que ce ne fut pas une séance inutile pour les hommes et les femmes qui auront à se prononcer demain sur des dossiers aussi douloureux [119], et ne doutons pas que d'autres rencontres, consacrées à la violence

119. Je remercie Jacques Chiffoleau pour son témoignage (février 1998).

urbaine par exemple ou aux crimes du fanatisme religieux seraient d'un profit semblable.

L'historien, dans sa classe ou son amphithéâtre aussi bien que dans ses diverses interventions publiques, sait que son regard est coloré par ses convictions personnelles. Mieux : il s'en targue. On a assez vu dans ces pages qu'expliquer et juger sont deux missions d'essence différente. Et pourtant, au bout du chemin, elles apparaissent moins vivement contrastées quant à leurs racines profondes. L'historien ne peut pas plus que le juge se dispenser, en arrière-plan, même s'il s'abstient d'en faire étalage, d'une échelle de valeurs, d'une différenciation, explicite ou implicite, non seulement entre le vrai et le faux mais entre le bien et le mal.

Un inspecteur général de l'Éducation nationale racontait sa stupéfaction d'avoir entendu un jeune professeur stagiaire traiter devant sa classe et devant lui du nazisme en deux parties : les aspects positifs d'abord, les aspects négatifs ensuite. Il l'en blâma. L'autre (qui n'avait rien d'un forcené) lui fit valoir en toute bonne foi, et comme étonné qu'on fût surpris, qu'on l'avait formé pour être équilibré et « objectif », et qu'après tout le plein-emploi et les autoroutes que Hitler avait donnés à l'Allemagne n'étaient pas un mérite négligeable. Il ne voyait pas ce qu'il y avait d'insupportable dans sa démarche : à savoir qu'il ne discernait pas que la barbarie nazie avait fait basculer de telle façon la balance de l'histoire allemande que ces profits de vie quotidienne en étaient eux-mêmes rendus dérisoires. Au regard de quoi ? Des valeurs mêmes que les hitlériens avaient niées et qui sont au cœur de notre patrimoine collectif.

Chaque fois que l'historien s'en tiendra à cet équilibre où se combinent, comme principes organisateurs de sa recherche, les idéaux du vrai et du juste, il se protégera en même temps contre la dilution de sa personnalité civique et contre l'abdication de sa déontologie scientifique. Il n'en va différemment ni pour le juge ni pour le journaliste, chacun dans sa tâche.

« Les fondations les plus fermes, écrit René Char, reposent sur la fidélité et l'examen critique de cette fidélité [118]. » Fidélité, sans relâche scrutée par elle-même, à des valeurs à la fois scientifiques et morales. Sur une telle base l'historien, le juge et le journaliste, après bien des désaccords et bien des tensions, peuvent espérer se rejoindre. S'ils y sont parvenus à Bordeaux, leurs contributions conjuguées empêcheront que le procès de Maurice Papon n'apparaisse à nos descendants comme incongru ou comme infécond. Dans la suite des temps, pour affronter d'autres défis, le profit en sera grand.

septembre 1997 – février 1998

118. René Char, *A une sérénité crispée* (1952), *Œuvres complètes*, Paris, Gallimard, Bibliothèque de la Pléiade, 1983, p. 760.

Index

Table

DU MÊME AUTEUR

AUX ÉDITIONS DU SEUIL

Le Riz et le Rouge
Cinq mois en Extrême-Orient
1969

François de Wendel en République
L'argent et le pouvoir (1914-1940)
coll. « L'Univers historique », 1976

Leçon d'histoire pour une gauche au pouvoir
La faillite du Cartel (1924-1926)
1977 ; 2e éd., coll. « Points Histoire », 1982

« Le Monde » de Beuve-Méry ou le Métier d'Alceste
en collaboration avec Jacques Julliard
1979

L'Argent caché
Milieux d'affaires et pouvoirs
politiques dans la France du XXe siècle
Fayard, 1981 ; rééd. Éd. du Seuil
coll. « Points Histoire », 1984

Télévision, nouvelle mémoire
Les magazines de grand reportage, 1959-1968
en collaboration avec Monique Sauvage et al.
1982

Échec à Panurge
L'audiovisuel public au service de la différence
1986

Concordance des temps
Chroniques sur l'actualité du passé
coll. « XXe siècle », 1987 ;
éd. augmentée, coll. « Points Histoire », 1991

Georges Mandel
L'homme qu'on attendait
coll. « XXe siècle », 1991

L'avenir vient de loin
essai sur la gauche
1994

Une histoire des médias
des origines à nos jours
1996

CHEZ D'AUTRES ÉDITEURS

Le Journal politique de Jules Jeanneney
(septembre 1939-juillet 1942)
édition critique, Armand Colin, 1972

Charles Rist : Une saison gâtée
Journal de la Guerre
et de l'Occupation, 1939-1945
édition critique, Fayard, 1983

Le Bicentenaire de la Révolution française
Rapport au président de la République
La Documentation française, 1990

Jean Jaurès : L'Armée nouvelle
n^lle édition, Imprimerie nationale, 1992

Georges Clemenceau : Le Grand Pan
n^lle édition, Imprimerie nationale, 1995

RÉALISATION : PAO ÉDITIONS DU SEUIL
REPRODUIT ET ACHEVÉ D'IMPRIMER SUR ROTO-PAGE
PAR L'IMPRIMERIE FLOCH À MAYENNE
DÉPÔT LÉGAL : AVRIL 1998. N° 34543 (43413)